历史人类学
小·丛·书

Pocket Series
of Historical
Anthropology

U0431404

妇人杨氏之"复活"

十八世纪中国的法律与社会

卜永坚　著

北京师范大学出版集团
BEIJING NORMAL UNIVERSITY PUBLISHING GROUP
北京师范大学出版社

作者简介

卜永坚，香港中文大学历史学系副教授。主要研究方向为中国明清社会经济史。曾出版《游戏官场——升官图与中国官制文化》，翻译《皇帝和祖宗——华南的国家与宗族》，主编《婺源的宗族、经济与民俗》（合编）、《科场·八股·世变——光绪十二年丙戌科进士群体研究》（合编）、《廖恩焘词笺注》（合编）等。

内容简介

本书篇幅不大，通过一件司法案件再现了清代中期普通人在宏大的国家、严密的制度下如何生存。作者在僵化的史料背后，试图重新塑造逝去的历史中的人物的生命。通过具体的描述，使我们真正进入一直靠抽象的概念理解的乡村世界，走进普通人的生活和他们的苦难与现实中。

通过对案件的分析，再现了十八世纪中国司法制度的优越：理性官僚组织之严密、文书系统、审讯程序、破案限期、法医制度等等。但也指出了其局限性：刑讯始终是司法制度内的"标配"之一；法医地位极低，其专业意见被官员随心所欲地利用或扭曲。比较十八世纪中西方的司法制度，之所以中国在十八世纪没有像欧洲一样放弃刑讯制度是因为传统中国的案件审判需以招供作为结案的标志，而当时英国陪审团制度的出现、欧洲大陆证据法的应用则促使了刑讯的废除。

序　言

　　雍正八年(1730)十月十七日，广西桂林人汤应求以署理知县身份到湖北黄州府麻城县上任，按照惯例，大概会到城隍庙拜祭，"谒见"城隍这位阴间同事，然后会晤当地绅耆，并可能在幕友协助下，翻查积压案卷。①

---

　　①　(清)黄书绅纂修，麻城市地方志办公室校订：《麻城县志》卷三《掌故》，总454页，麻城，麻城市地方志办公室，1999，影印乾隆六十年(1795)刊本。又，民国年间，麻城县仍存康熙五十五年(1716)城隍庙碑，见余晋芳纂：《麻城县志前编》，收入《中国方志丛书》华中地方第357号，总1330页，台北，成文出版社，1975，据1935年铅印本影印。以下该书称《民国麻城县志前编》。明清时期，地方官上任，例必先到当地城隍庙拜祭。参见(清)刘衡：《庸吏庸言》上卷《到任谒城隍神誓文》，3a页，收入杨一凡、刘笃才编：《中国古代地方法律文献》丙编第6册，总501页，北京，社会科学文献出版社，2012，据同治三年(1864)刊本影印。按："a"指古籍原书一页的前半页，"b"指原书一页的后半页，本书以下各处注释皆做同样处理。

这项署理麻城县知县的任命，为期一年，是汤应求宦业中的一环，他大概希望无过而有功，哪里知道，积压案卷内涂杨二姓因杨氏失踪而互控一案，会让他付出惨痛代价，几乎赔上性命。但是，汤应求最终保住性命，他对于杨氏失踪案的判断，也被证明是正确的，可以说这是他不幸中之大幸。而他把审理杨氏案的惨痛经历编纂而成的《自警录》一书，竟能留存至今，成为法制史研究之绝佳个案，对于汤应求本人、对于史家，均属一大造化。

2016年5月19—21日，香港中文大学中国文化研究所举办第三届中国文化研究青年学者论坛，笔者应邀主持第九组，拜读东京大学法学部博士生史志强先生论文，得知清雍正年间湖北麻城县涂杨二姓因妇人杨氏失踪而酿成的大案①，对该案产生了浓厚兴趣。同年9月，

---

① 会议议程，见该所网站 http://www.cuhk.edu.hk/ics/general/forum/media/ysf3_2016.pdf。史志强兄的论文，题为"Documentation and the Legal Process in the Qing Dynasty: A Case Study"，被编入第九组"清代中国社会变迁"，该文为其博士论文一部分。史兄目前任教于华东政法大学法律学院，他有关麻城案的新作为《冤案何以产生：清代的司法档案与审转制度》，载《清史研究》，2021(1)，52～65页。

遂以该案的主要文本《自警录》作为自己执教的本科生课程"HIST1000A通古今之变"的主要教材和学期论文题目，又与课程助教黄雅雯女士及近百名修读同学合作，把《自警录》打成电子文档，上传敝系网站"电子教学及知识转移"资料库[①]；其间，又得史志强兄大力协助，补正电子文档之不足。后知后觉，不久又得知原来罗威廉（William T. Rowe）教授早在2007年有关麻城县的著作中已提及该案[②]，于是越发增加兴趣，觉得可以研究研究。

2017年下半年，笔者就麻城案做了两次口头报告[③]，又以麻城案为题，申请香港特别行政区政府大学教育资

---

① 香港中文大学历史系网站之"电子教学及知识转移"资料库，http：//www. history. cuhk. edu. hk/proj/zijinglu. html。

② William T. Rowe, *Crimson Rain*：*Seven Centuries of Violence in a Chinese County*, Stanford, Calif.：Stanford University Press, 2007, p. 38.

③ 2017年9月25日，笔者于香港中文大学中国文化研究所"午间雅聚"主讲《妇人杨氏之"复活"——清雍正年间麻城狱之研究》。2017年11月27日，又在厦门大学历史系就该案做一报告，相关撮要见吕珊珊：《讲座纪要 卜永坚 妇人杨氏之"复活"——雍正年间麻城杨氏案之研究》，厦门大学民间历史文献研究中心"民间历史文献资讯网"，http：//mp. weixin. qq. com/s/q9t2vXHRi0wPIR-9oQCr5A，访问日期2017年12月10日。感谢厦门大学师友的指正，尤其感谢吕珊珊的撮要。

助委员会优配研究金（General Research Fund，GRF）。这项申请，向来是当年 10 月左右截止，翌年 6 月底公布结果。2018 年 6 月底，结果公布，申请失败，我于是参考六份评审意见，修改申请书，于同年底再度申请，翌年即 2019 年 6 月底结果公布，申请成功。这就是本书撰写之第一重缘由。本书也是这个研究项目的成果之一。

大约从 2017 年底开始，得到北京师范大学出版社宋旭景女士的鼓励，我萌生了把麻城案写成一书的想法，在宋女士的耐心鼓励和督促下，拖延再三，终于完成书稿。这是本书撰写之第二重缘由。

本书除序言、结论外，分成四章，第一章以汤应求《自警录》为主，辅以清宫朱批奏折等史料，重现麻城杨氏失踪案的过程；第二章补充汤应求生平，介绍杨氏案期间湖广高层政治；第三章探讨《自警录》的撰写、刊行、版本流变、与袁枚《书麻城狱》等文本之互文性等问题；第四章介绍麻城杨氏宗族就杨氏失踪案争夺话语权的努力，并尝试想象与思考十八、十九世纪的麻城县社会。同时，本书还制作了大事记、人物表，方便读者阅读理解。

因为疫情、工作等，笔者完稿之前，始终未到麻城县进行田野考察，非常惭愧，特书于此，以志吾陋。有关麻城杨氏案的研究，笔者仍须继续努力。史志强、宋旭景直接促成本书之写作，已如前述，不可不大力鸣谢；另外，还必须鸣谢黄国信、黄永豪、谢晓辉、杨国安、张伟然、张小也等指教明清两湖地区之风俗民情、历史脉络；也必须鸣谢阿风、巢立仁、陈春声老师、陈新宇、杜正贞、范金民老师、巩涛老师、贺喜、胡恒、黄雅雯、科大卫老师、李启成、李雪梅、刘永华、刘志伟老师、邱捷老师、邱澎生、饶伟新、任雅萱、苏亦工老师、谭家齐、唐立宗、唐晓涛、王振忠、温春来、吴滔、伍跃老师、谢湜、徐忠明老师、叶涛老师、尤陈俊、余新忠、张侃、张瑞威、赵世瑜老师、郑振满老师、佐藤仁史等在法制史、历史人类学、明清历史等各方面之开示、帮忙。尚需鸣谢的各方师友仍多，实难逐一开列，敬请原谅。本书一切谬误，均为笔者责任云。

卜永坚

2023 年 8 月 19 日

目 录

麻城杨氏案：
以《自警录》为中心

本章是全书重心，根据汤应求编纂、朱杅辑校的《自警录》重构案件过程。《自警录》一书不仅篇幅浩大，而且叙述时有混乱、舛驳之处，读者宜同时参考《自警录》标点注释本①及本书附录之大事记、人物表。

一、杨氏失踪

所谓涂杨二姓互控案，起因是麻城县妇人杨氏之失踪。杨氏最初嫁给王某，王某死后，改嫁涂如松。涂杨二姓，也就是杨氏的婆家和娘家。雍正八年(1730)新春正月十三日，杨氏回娘家拜年，正月二十四日，由哥哥杨五荣送回婆家，当晚，杨氏失踪。次日，涂杨二姓"四处大索，全无影响"，就各自告状，互相指控，杨姓指控涂姓杀害杨氏，匿藏尸体，涂姓则辩称杨氏被拐逃，"一以打死具控，一以拐逃讦告"②。看来，涂杨二姓虽是姻亲，但关系并不友好，早生芥蒂。

杨姓一方，由"劣衿刘存鲁、杨同范，统领公呈一十八人"，包括"地棍杨在佑"、作为证人的"乳臭无知之赵当儿"，在麻城县衙门控告涂如松打死杨氏、匿藏尸体，杨同范、杨在佑都是杨五荣和杨氏兄妹的堂叔，刘存鲁是杨同范岳父③；涂如松则辩称杨氏是被拐带，要求追查下落。看来杨姓一方由拥有科举功名的成员出头，在诉讼方面占上风。受理此案的麻城县知县杨思溥，对麻城县应该甚为熟悉，他是举人出身，四川阆中县籍，雍正二年至五年（1724—1727）任职知县，因事去职，雍正七年（1729）复任。④他相信杨姓的指控，将涂如松"刑审勒招"，涂如松"畏刑，妄招溺尸塘中"。杨知县为找到尸体，根据涂如松的供词，下令把相关池塘的水抽干，当然无所发现。⑤读者将会看到，以刑讯得到口供，然后追查与口供吻合的物证，这种思路和程序，贯彻全案始终，其恶果也贯穿全案始终。可能因为找不到尸体，涂如松也就暂时获释，他抓紧机会，在雍正八年七月、八月五日，分别在黄州府衙门、湖北按察司衙门告状，案子还是发回麻城县。⑥这时，杨思溥二度去职，汤应求登场。雍正八年十一月二十七日，汤应求上任后第一个月零十天，就向上级黄州府衙门递交关于涂杨二姓互控案的报告，称作"详"或"通详"，相当于汤应求的初审判决书。

汤应求推翻杨思溥的判决，否定涂如松打死杨氏、匿藏尸体之说，认为"打死（杨氏）实属虚诬，而拐逃远逃已属显然"⑦。理由是：汤应求审讯之下，杨姓控告涂如松打死杨氏的证人赵当儿，承认自己是杨同范"贿属诬证"⑧，赵当儿既然收受杨同范贿赂，在其指使下，作虚假口供，则最重要的人证本身就是刻意伪造，仅此一条，便足以否定杨五荣指控，推翻杨思溥判决。但汤应求还提供了三点推理⑨，最后，他作出两项审判建议：其一，"严谕涂如松、杨五荣、王廷亮三人再加找寻（杨氏），务获报究"；其二，杨姓诬告涂姓，是受到"劣衿杨同范、刘存鲁"的教唆，要求暂时革除二人的生员身份，"将该二生衣顶转请暂革"⑩。对此，汤应求上司、黄州府知府康某并没有照单全收，而是作出甚为谨慎的回应：杨氏究竟是生是死，必须查出真相。至于杨同范、刘存鲁，如果确实教唆词讼，应报告学政，革除其生员身份。⑪之后，汤应求以麻城县衙门名义发出告示，悬赏银两，鼓励百姓提供线索，协助寻找杨氏。⑫

可是，杨氏依然下落不明，黄州府奉湖北按察司之命，催促汤应求，汤应求于雍正九年(1731)三月三日上报，恳请批准维持执行原有建议，即继续责成涂、杨、王三方追查杨氏下落，以及继续悬赏告示追缉杨氏。黄州府批准。⑬三月十七日，署理湖北按察使高某"将此案汇单饬销，当将涂如松原词申缴"。理由是按照惯例，农忙期间注销轻微案件。涂如松于本月二十六、二十九日分别到湖北按察司、黄州府衙门继续告状，反对"搁案"。四月二十六日，黄州府将该案报告提交湖北按察司衙门，却遭到按察使批驳。按察使同意汤应求的初审判决书，指控刘存鲁、杨同范犯下两宗罪行：违反生员条例，带领百姓告状，"违例公呈"；收买赵当儿作虚假证词，"贿买赵当儿，教令诬证"。但黄州府对麻城县的初审判决不置可否，导致涂如松继续告状。这样严重的案件，黄州府划入停讼注销之列，是十分不妥当的，"殊属不合"。按察使要求黄州府列明刘存鲁、杨同范的学籍资料，以便请示学政，革除其生员资历，同时要求继续追查杨氏下落。[14]

据史家后见之明，从雍正八年正月二十四晚杨氏失踪，到雍正九年五月二十四日之前，是为麻城杨氏案第一阶段，为期十六个月。其间，杨姓由族内生员杨同范等出头，控告涂如松杀死杨氏、藏匿尸体，涂姓则辩称杨氏被拐带。麻城县知县杨思溥最初信任杨姓一方，涂如松被屈打成招，但一直找不到杨氏尸体，案件悬置。雍正八年十月，汤应求署理麻城县知县后，查出杨姓证人赵当儿是被杨同范收买作虚假口供，推翻杨思溥判决。汤应求认为杨氏是失踪而不是被涂如松杀害，责成涂、王、杨三家寻找杨氏，又以县衙门名义悬赏告示，动员百姓协助寻找；还要求褫夺刘存鲁、杨同范的生员资格。汤应求的初审判决得到湖北按察司的批准，但杨氏始终下落不明，而褫夺刘、杨生员资历的建议亦未见执行。

二、赵家河沙滩尸体……

雍正九年五月二十四日，汤应求署理麻城县知县的一年任期已踏入第七个月，距离杨氏失踪已有十六个月，杨氏依然下落不明，涂杨二姓互控案依然胶着。可是，从这一天开始，一具尸体把麻城案推入第二阶段，案情从此风云诡谲，奇峰迭起。

五月二十四日的前一天，即二十三日，刘兆唐这位"亭川乡沙井区保正"，正在麻城县县城内等候金派乡勇的安排(在城候点报乡勇),忽然,"牌头赵巨年"和刘兆唐儿子前来报信,说在赵家河沙滩发现一具尸体——是被狗扒出来的。刘兆唐立刻随同赵巨年和自己儿子赶赴现场,在"牌邻丁宗荣、丁嗣先"陪同下,一齐检视,然后回县衙门报案。这是刘兆唐对尸体的描述:"周身并无皮肉,止有一手背尚有皮包骨,腰上有朽烂两点白布。"可能因为刘兆唐往返县城与现场需时,二十三日得到的消息,二十四日才正式报告到县衙门。[⑮]

发生命案,基层衙门虽工作负荷超额,却也不得不一改平日的拖字诀,知县必须火速赶赴现场调查。[⑯]然而,汤应求的处置却有些异乎寻常。五月二十四日收到赵家河沙滩尸体的报告后,第二天,即二十五日,他"带同吏件亲诣相验",但被"狂风大雨"阻挡,就命令现场附近百姓看守尸体,宣布翌日再来验尸。可是,二十六日早上,汤应求收到报告,说鲁台发生自缢命案,遂不得不先到鲁台调查,因此又耽搁一天,直至二十七日才到达赵家河沙滩验尸。他初步观察,"该尸皮肉俱已消化,无凭相验"。⑰ 这时，距离二十三日尸体曝光，已经四天，从二十四日县衙门收到报告算起，也已经三天。日后汤应求的对手少不得要拿这一点来质疑汤应求了。

汤应求在五月二十七日验尸后，于六月二日向上级提交报告。他对于尸体的形容是："周身并无皮肉，止有破烂布衫一件、破蓝白布里夹袄一件、蓝面白里夹被一床。"由于无法查证该尸体身份和掩埋日期，他为保存证据，就下令"备棺收存，封固浅厝"，把尸体放进棺材，就地浅埋。这份报告还提到五月二十七日当天和他一同验尸的仵作名叫李荣，此人在日后麻城案故事中还有角色。该报告层层上达黄州府、汉黄德道、湖北按察司、湖北巡抚、湖广总督。湖广总督作出以下批示：须迅速查明尸体性别，提交有关尸体的绘图，查明是否牵涉仇杀、盗劫，并在限期内破案。该指示层层下达，黄州府还补充一点：尸体有棉被包裹，可见肯定不是死于意外，而是有人刻意掩埋。⑱

直到这一刻为止，赵家河沙滩上这具来历不明的尸体，与杨氏失踪案还没有关系，各级衙门的处置应对，也是例行公事。但是，杨姓一方很快意识到这具尸体大有可乘之机。

六月二十三日，杨五荣"借尸上控"，越诉黄州府，开始利用这具尸体来做文章。他控诉汤应求审案不公，令自己含冤受屈：一是汤应求否认杨氏被杀而坚称杨氏拐逃；二是汤应求用刑逼自己承认杨氏是拐逃；三是汤应求试图褫夺自己堂兄杨同范的生员资格，以便也用刑逼供。然后，杨五荣说："今河上孤洲现出一尸，县主不知何故，两次相验。以为男身，男从何来？以为女身，女在何处？显有疑情，伏祈饬究。"[19] 这几句话措辞巧妙，暗示赵家河沙滩尸体就是杨氏，而汤应求有心隐瞒真相。根据史家后见之明，杨姓一方明知该尸体不是杨氏，也明知涂姓和汤应求无法否定该尸体就是杨氏的可能性，因而抛出疑团，乱其阵脚，真是高明而狠毒的诉讼策略。黄州府知府康忧批复，指出汤应求验尸报告并没有分辨尸体的性别，杨五荣诉状也不能确认尸体就是杨氏，为"释此疑团"，命令根据宋慈《洗冤录》"滴骨之法"来验证该尸是否杨氏。[20]

八月九日，汤应求回复，同意根据宋慈《洗冤录》刺血滴骨，检验尸体，这道检验程序最终为湖北巡抚所否决。[21]但是，汤应求再度提出革去刘存鲁、杨同范生员资格的建议，这次终于得到学政批准，湖广总督以下各级衙门也相应批准。我们还从中知道了刘杨二人的学籍资料：刘存鲁是在康熙二十八年（1689）成为黄州府府学武生，雍正三年（1725）"告给"即获颁荣誉证书；杨同范则是雍正五年（1727）入麻城县县学，成为附生。[22]更加值得注意的是，汤应求增加了六月二日验尸报告所没有的内容："据仵作李荣报，男尸，现有发辫。甲长刘兆唐等亦无异词。"[23]至此，读者恐怕会开始皱眉头了：尸体有清朝男性独有的发辫，由此证明尸体是男性，并无不妥，但为何汤应求没有在六月二日的验尸报告内提及发辫？

黄州府知府康愈随后回复，讨论刺血滴骨方法之外，最重要、事后看来最不利于汤应求的决定，恐怕就是"另行委员"四字。原来,杨五荣越诉黄州府,不信任汤应求这位署理知县,要求另行委派官员验尸,康忧批准,原本推荐府内蕲州知州蒋嘉年,但蒋嘉年刚刚署理黄冈县,分身不暇,于是推荐府内广济县知县高人杰。[24]康忧此举,恐怕不完全是"顺应民情",也不意味着敌视汤应求。毕竟汤应求是署理麻城县知县,雍正八年十月中上任,任期只一年,现在距离任满只剩两个月,安排其他官员验尸、安排麻城县知县新人选,不得不说是正常的行政安排。同时,康忧还引述审案程序,指出一般须"以检审之日起限",即从出具验尸报告之日开始计算,在三个月内查明尸体是否牵涉仇杀或劫杀,但现在对于尸体性别和身份出现争议,又引用新方法来验尸,因此"现于该县先详……例限三个月,案内另详请示"[25]。也就是说,三个月的期限,如果从六月二日汤应求提交黄州府的"详"开始计算,现在即将期满。康忧指出需要重新验尸,向上级请示,虽然没有明言请示什么,但显然是代汤应求向上级请求宽限,以重新验尸的日期计算三个月的期限。可见康忱公事公办之余，还是相当照顾汤应求的。

九月一日，就在自己六月二日呈交"详"的三个月期满之日，汤应求提交另一份"详"，反对委员"会检"。从"会检"二字可知，康忱委派高人杰验尸的建议并不是排除汤应求，反而是要求高人杰会同汤应求一起验尸。这对于汤应求而言仍然不是好消息。汤应求首先承认，根据"定例"，对于命案，如果家属提出要求，或存在疑窦，官府可以再次验尸或委派其他官员验尸（若尸亲抱告，伤痕互异者，许再行复检。如有疑似之处，委别官审理检验），但是，赵家河沙滩尸体的情况不一样，他汤应求本人的验尸报告确凿可信，毋庸委派其他官员，倒是可以委派外县仵作前来，根据《洗冤录》有关男女骨头的定义，判断尸体的性别。汤应求在这份报告中又添加了关于赵家河沙滩尸体新的描述："两脚掌被犬衔去。"[26]这是之前五月二十四日、六月二日、八月九日的报告所没有的。由于清朝妇女多半缠足，女性脚掌会有明显的骨骼异常情况，赵家河沙滩尸体的脚掌消失，则验证其性别的明显证据之一也就消失了。至此，读者恐怕会更加不满了：为何汤应求对尸体的描述像"挤牙膏"一样，不断"挤"出新内容？无论如何，汤应求反对无效，湖北按察司于九月二十八日正式批准康忱建议，委派黄州府广济县知县高人杰会同汤应求一同验尸。⑰

汤应求随即向黄州府呈上新"详"，不再反对委派其他官员会同验尸，毕竟这已经是湖北按察使的正式命令，他只是反复申辩自己的验尸报告无误，但实在无法断定死因（"实难悬定雠盗"）。汤应求在这份新"详"内重申对赵家河沙滩尸体的描述："细讯保正刘兆唐、赵巨年等，佥供囊时尸著男衣，横裹夹被，外用草绳缠系，尚有发辫，并无脚掌。"⑱这一次的重申，却又"挤"出新内容——"男衣"。套用古史辨学派的口号，如果把汤应求有关赵家河沙滩尸体自雍正九年五月二十四日至此的五份描述罗列开来，读者不难发现一种"层累地造成"的现象，详见表1。

表1 雍正九年汤应求署理麻城县任内
有关赵家河沙滩尸体的五份描述

序号	日期	内容	《自警录》出处
1	五月二十四日	（据麻城县亭川乡沙井区保正刘兆唐描述）周身并无皮肉，止有一手背尚有皮包骨，腰上有朽烂两点白布。	文件06，卷一，6b页
2	六月二日	据……刘兆唐……称：周身并无皮肉，止有破烂布衫一件、破蓝白布里夹袄一件、蓝面白里夹被一床。……仵作李荣回称，验得不知姓名尸骸，并无皮肉，止存骸骨……	文件07，卷一，7b页
3	八月九日	据仵作李荣报，男尸，现有发辫。甲长刘兆唐等亦无异词。	文件09，卷一，11a页
4	九月一日	两脚掌被犬衔去。	文件11，卷一，14b页
5	九月二十八日之后	细讯保正刘兆唐、赵巨年等，金供囊时尸著男衣，横裹夹被，外用草绳缠系，尚有发辫，并无脚掌。	文件13，卷一，16b页

　　事实上，汤应求似乎还没有把他掌握的信息完全交代出来，近两年后，他又公布了有关该尸体身份的新线索，这个表格还可以延伸下去，详见下文分析。所谓据保正刘兆唐、赵巨年及仵作李荣云云，全部可以理解

为汤应求批准或授意的结果，也就是说，这五份描述，都不得不算在汤应求头上。[29]第一份、第二份描述基本一致，完全没有提及尸体的性别特征。之后三份描述，出现在雍正九年六月二十三日杨五荣"借尸上控"之后。根据史家后见之明，汤应求完全被杨姓一方牵着鼻子走，杨姓一方暗示尸体就是遇害的杨氏之后，汤应求很有动机证明尸体是男性，从而否定杨姓一方的指控，于是在第三份描述中首先指出尸体是男性，有清朝男性特有的发辫可资证明；第四份描述说脚掌被狗咬走，则女性缠足造成脚掌骨骼异常的特征也就无法验证；第五份描述再补充了尸体作为男性的证据——男性服装。这样一来，汤应求的支持者也不得不认为汤应求的验尸、填报工作太马虎，遗漏许多重要证据；中立者恐怕也怀疑汤应求以"挤牙膏"方式"补充"内容、"完善"逻辑；汤应求的对手如杨五荣、高人杰等，当然更不会放过汤应求验尸报告前后不一这个致命纰漏和未及时赶赴现场验尸这个事实，日后指责汤应求收受贿赂，伪装尸体为男性，汤应求便百口莫辩了。

踏入雍正九年十月，汤应求署理麻城县的一年任期届满，继任者李作室是知县衔而非署理衔，十三日从其原任地出发，十九日抵达麻城县上任，广济县知县高人杰也奉命前来麻城县验尸。李作室于二十二日向汤应求、高人杰发出公文，约定三人翌日即二十三日齐集赵家河沙滩"尸厂，以便会同三面检验"[30]。汤应求拒绝，他即日回复黄州府和李作室，说自己是"卸事之员，无会检之责"，会同验尸，不仅违例，还可能成为杨五荣继续诬告的口实。[31] 既然汤应求拒绝三方会同验尸的建议，那么理应转由高李二令会同验尸。但是，十月二十四日，高人杰不等候李作室，自己带同黄冈县仵作薛必奇到赵家河沙滩验尸。[32]

据史家后见之明，从雍正九年五月二十四日赵家河沙滩发现尸体，到十月二十四日广济县知县高人杰验尸之前，是为麻城杨氏案第二阶段，为期五个月。其间，杨姓一方暗示尸体就是遇害的杨氏，汤应求以"挤牙膏"方式交代反面证据，力图证明尸体是男性。汤应求验尸报告前后不一，让未来的对手有机可乘。可以想象，汤应求心情相当郁闷，因为自己署理知县任期一年届满之际，留下一宗不了公案，还朝着不利于自己的方向发展。他哪里知道，等待着他的，是更加糟糕和凶险的局面。

三、高李版本一：涂如松杀妻埋尸，汤应求蒙在鼓里

正如上文指出，李作室原定于雍正九年十月二十三日与汤应求、高人杰三人会同验尸，既然汤应求拒绝，理应转由高李二令会同验尸。但是，十月二十四日，高人杰不等候李作室，自己带同黄冈县仵作薛必奇到赵家河沙滩验尸。汤应求批评此举是"擅自专检"，但上级似乎并不介意。高人杰这一天验尸的结果非常不利

于汤应求："称系女尸，右后肋有伤，填格通报。"㉝事后孔明地设想，汤应求也许会后悔没有答应李作室三方验尸的邀请？雍正九年十月二十四日高人杰验尸这一天，正好是雍正八年正月二十四日杨氏失踪整整二十二个月后，也是雍正九年五月二十四日麻城县衙门收到赵家河沙滩发现尸体的报告整整五个月后。如果尸体是女性，又带有伤痕，则杨姓一方指控涂如松杀害杨氏和掩埋尸体，似乎就有明显证据了，至少，也意味着汤应求之前的验尸报告出错了。

之后，高人杰、李作室联名向上级黄州府提交两份报告，称为"通详"，第一份未署日期，可能提交于雍正十年三月，长一千三百多字㉞；第二份提交于雍正十年七月，长三千五百多字，犯人和证人等也解送黄州府。㉟情节大致一样，是高李二令自雍正九年十月以来，花九个月时间审讯出来的杨氏失踪案版本，笔者综合叙述之，但大抵以雍正十年七月通详为准，称为高李版本一，因为之后还有高李版本二。这两个版本，都有利于杨姓，不利于涂姓、不利于汤应求。

根据高李版本一，雍正八年正月二十四日，杨氏从娘家返回婆家，婆婆许氏责备杨氏归宁太久，杨氏顶撞，丈夫涂如松回家后，训斥杨氏，杨氏嚷骂反驳，涂如松动怒，掴杨氏一巴掌，杨氏举起纺线车击打涂如松，涂如松夺回纺线车回击，打伤杨氏右后肋。杨氏继续与涂如松扭打，涂如松更加愤怒，举起纺线车砸向杨氏，打中杨氏小腹，杨氏当时已有四个月身孕，涂如松此举伤及胎儿，杨氏旋即死亡。[36]

涂如松误杀杨氏后，慌忙找族叔涂方木商量，二人找了四人帮忙，"将尸抬至门首三升田菜园内"。同时，涂方木命涂如松虚张声势，声东击西，以杨氏失踪为由，带同邻居三人到杨五荣家寻找。[37]不料，涂姓一方抬埋杨氏尸体期间，被赵当儿发现，涂如松许诺支付银钱给赵当儿，充当"掩口费"。赵当儿索取一千文钱，涂如松拒绝。赵当儿就向杨五荣、杨五荣堂叔杨同范和杨在佑、杨同范岳父刘存鲁告密。涂如松得知赵当儿向杨家告密，就抢先向麻城县再告一状，说杨五荣送杨氏回涂家时，只到达涂家的"堂屋"，说送妹妹回来了，但涂如松母亲许氏并没有看到杨氏进来。暗示杨氏早已失踪，未进涂家。[⑧]次日，杨五荣等以赵当儿为证人，向麻城县控告涂如松杀害杨氏，掩埋尸体。涂姓一方有备而来，在"讼棍蔡茂占"即生员蔡灿主使下，用八钱银收买赵当儿父亲赵碧山，让赵碧山授意赵当儿改口，宣称自己被杨同范收买作假证供以陷害涂姓，然后潜逃。尽管如此，当时的麻城县知县杨思溥听信杨姓一方的指控，涂如松供认打死杨氏，但始终找不到尸体，涂如松又先后捏称杨氏与王廷亮侄儿冯大通奸、杨氏被王一拐带，还一度供认是自己母亲许氏打死杨氏。后来，潜逃在外的赵当儿落网，但"狡供如故"，杨思溥犹豫不决，下令释放涂如松，责成涂如松寻找杨氏。蔡灿主使涂姓一方越诉湖北按察司，经黄州府发回麻城县审讯，而杨思溥"被参离任"，该案遂由署理知县汤应求接手。由于赵当儿坚称自己是被杨同范收买，杨五荣也"畏刑诬服"，汤应求就革去杨同范、刘存鲁生员资格，命令涂、杨、王三姓继续追寻杨氏。[39]

雍正八年三月内，涂如松等又"移（杨氏）尸于江家凹破窑内。至八月，又……移埋于赵家河沙滩"。雍正九年五月二十一日，埋在赵家河沙滩的杨氏尸体"忽露一手"，麻城县衙门捕役陈文、刑书李宪宗怀疑就是杨氏，探问涂如松。涂如松行贿，支付李宪宗八钱银，支付陈文二两二钱银，三人瞒着汤应求，共同设计一奇特的尸体改装方案，制造尸体是男性的假象："将尸身换以男衣，用被横裹，又将头发仅留一绺，以充男人发辫，并将脚掌骨同所取头发，与陈文携往他处掩埋。其尸身烂血布二块，系宪宗另处埋藏。将尸仍用沙土掩盖。"[40]五月二十三日，尸体被狗扒出，二十四日，刘兆唐报官，之后的情形与上文叙述基本一致，直至高人杰验尸，判断尸体是女性为止。兹不赘。[41]

在高李二令审讯之下，涂如松将案情"历历供吐如绘"，而且涂如松误杀杨氏所用的"纺线车，并捏藏之头发、脚骨及血布二块，亦经差押起获"④。读者看到这里，大概不会特别留意"捏藏"两字，其实这两字可能大有玄机，但为叙述顺畅起见，笔者姑且把自己的推测藏进注释。④需要指出的是，《自警录》的行文有一种奇怪现象，按照清代公牍的惯例，同一文件，早期报告详细，后期引述简略，一如三角形。《自警录》虽大致上遵守这种叙述惯例，但偶尔发生倒三角的情况，即后期文件出现早期文件所没有的细节。这种异常的倒三角现象，可能是汤应求、朱枟编纂和辑校《自警录》时，为节省篇幅、理顺叙述而造成的；当然也可能是官员根据案情"需要"，而"发现"细节或"修正"文字以"完善"逻辑所造成的。为引起读者注意，笔者称之为"前略后详式叙述"。

总之，可以大致肯定的是：在高李版本一中，涂如松杀妻埋尸，尸体即将曝光之际，贿赂李宪宗、陈文，把杨氏尸体原有的血布、头发、脚骨埋藏他处，汤应求一直蒙在鼓里。到了高李版本二，这番情节才被改编。

高李二令既然审出真相，于是分别量刑：对于涂如松，按"夫殴妻至死者绞监候"律，判处绞监候；对于涂方木，按"教唆词讼、增减情罪、诬告人者，与本人同罪，至死减一等"律，判处杖一百，流三千里，金妻发遣至配所，折责四十板；蔡灿畏罪潜逃，要追缉归案；其余各犯和相关人等，或释放，或根据情节轻重，惩处有差。[44]

值得注意的是，高李版本一虽与汤应求的审判大相径庭，但到了最后量刑和参劾时，并没有归咎汤应求，反而为他开脱。高李说：涂如松贿赂李宪宗和陈文，"汤令并不知情"[45]，因此，汤应求只是触犯"失察衙役犯赃"例，顾名思义就是官员未能察觉衙役收受贿赂，"失察"毕竟不同于共谋。而且，"从前汤令因尸骸未出，难以定案，及后尸露，并无皮肉，又因李宪宗等私行改饰，难以分辨。汤令已经具详请检，旋即卸事，并非不能审出实情，亦无检验不实及膜视之处，奉取职名，邀请免开"[46]。可见高李最后是说汤应求并无犯错，只是被李宪宗等蒙在鼓里，请求上司不要处罚汤应求。到了高李版本二，高李才改编内容，指控汤应求收受贿赂，指使妆点尸形。

对高李版本一的叙述如上，其中疑团甚多，这些疑团，有些是逻辑漏洞造成的，有些是叙述漏洞造成的，读者不必匆忙判断，反正逻辑漏洞或叙述漏洞是一回事，真伪又是另一回事。笔者认为，此刻最需要澄清的是：高李二令说尸体是女性，究竟有什么证据？他们是如何推理出来的？构成高李版本一的两份通详，对此问题的答案，确实语焉不详、漏洞百出：

> 卑职高人杰(雍正九年十月二十四日)单骑亲诣尸所，检明实系女尸，右后肋有伤一处，其肋骨据《洗冤录》，左右共少六条，发止一撮，并未成辫，当厂填具图结通赍。……质之原检验之仵作薛必奇，据供，伊充役有年，妇人肋骨左右止十一条，前系照《洗冤录》验报等语。[47]

单看以上文字，读者会莫名其妙，高人杰凭什么断定该尸体肋骨总数二十二条就是比《洗冤录》定义的女性肋骨数目少六条？先作出尸体是女性这个结论，然后说尸体肋骨数目少于《洗冤录》定义的女性肋骨数目，岂非倒果为因？读者毋庸冲动，毋庸急于纠错。雍正十年十月二十二日蕲州知州蒋嘉年的验尸报告中，出现了高人杰这份验尸报告的更详尽版本：

> 卷查看得……高人杰关提黄冈县仵作薛必奇检验，报称"尸骸头颅骨共分六片，脑后枕骨一片，无直缝，系女头。两手左右臂骨皆无髁骨，两肋骨各十一根，据《洗冤录》少六根，右肋第九根近脊处，一伤青黑色。两足臁肕无髁骨，委系女尸。左脚腕骨有芒刺，不齐。无血瘢。两脚掌俱无，其余骨节俱全，亦俱无故"等情。通报。[48]

根据《洗冤录》，女性骨骼特征有三：后脑骨有横缝而无直缝（男性后脑骨则既有横缝又有直缝）；手脚骨和臁肕骨边均无髁骨（男性则均有髁骨）；左右肋骨各十四条，合共二十八条（男性则是各十二条，合共二十四条）。⁴⁹按照这个定义，赵家河沙滩尸体脑后枕骨无直缝，手臂骨和脚骨臁肕无髀骨，女性骨骼特征三得其二，因此高人杰与薛必奇判断"系女头……委系女尸"，并把尸体肋骨数目二十二根说成比《洗冤录》定义的女性肋骨数目少六根。

这份理应是在雍正九年十月二十四日高人杰和薛必奇赴赵家河沙滩验尸后撰写的报告，内容相对齐全，逻辑尚属通顺，但为何构成高李版本一的两份通详不予完整引述而是节录删削，以致支离舛驳，反而晚出的署理黄州府知府蒋嘉年的报告才作更完整的引述？这大概是笔者上文指出的《自警录》"前略后详式叙述"之一征。笔者相信，就这份验尸报告而言，高人杰并没有像汤应求那样以"挤牙膏"方式补充内容，因为，汤应求等指责高李之人，并没有指责高人杰事后增添验尸报告内容，蒋嘉年也不支持高李而支持汤，没有理由帮高李的忙。

构成高李版本一的两份通详，分别在雍正十年三月、七月内递交给署理黄州府知府的蕲州知州蒋嘉年，涂如松等犯人、证人也于七月内从麻城县衙门被解送黄州府衙门。[50]蒋嘉年"吊犯亲讯"[51]之下，主要犯人、证人纷纷改变口供，蒋嘉年自己也指出高李版本一的不少漏洞，因而驳回，限三天内回复。高李回复，蒋嘉年第二度驳回，限两天内回复；高李再回复，蒋嘉年第三度驳回，限翌日回复；高李第三度回复，蒋嘉年第四度驳回。蒋嘉年的四份"驳牌"均无日期，但根据其内容和《自警录》编次位置，应该在雍正十年八月八日高李版本二之前。换言之，从雍正十年七月到八月初，大约一个月内，高李二令和蒋嘉年之间，此详覆彼驳回，进行四轮交锋，蒋嘉年的命令和口气越来越严厉，限期越来越紧迫。蒋嘉年的第三份驳牌还要求麻城县知县李作室尽快回复而"不必关会高令"[52]，可知虽高李并称，但李作室其实无所作为，所以蒋嘉年希望撇开高人杰。为节省篇幅、避免枝蔓，笔者不对蒋嘉年四份驳牌逐一介绍，而是以主要嫌疑犯和证人为主，分别概括。又，

《自警录》只收录蒋嘉年驳牌内容而不收录高李二令的详覆，我们只能从驳牌的转述中看到高李二令的辩护，这是必须事先交代的。

对于高李版本一内杀害杨氏的涂如松，蒋嘉年的第一份驳牌说他"支离，倏认倏辨"。第二份驳牌回顾他历次口供反易情形："始而报县，控称杨五荣口称送妹至家，并未见人。（汤应求）县审旋认杨氏已经回家，系伊母责骂逃走。（高李二令）再审又认殴死藏匿，其情弊早已欲盖弥彰。"第三份驳牌则说涂如松"照县审情由供认"[53]。这一句尤其值得关注。所谓"县审"，是汤应求版本还是高李二令版本一？如此语焉不详，是蒋嘉年驳牌原文如此，还是汤应求编纂、朱枟辑校《自警录》时的"春秋笔削"或"前略后详式叙述"？不得而知。蒋嘉年的第三份驳牌继续指出涂如松杀妻埋尸之说的漏洞：涂如松何必把尸体掩埋后又两度搬移掩埋？何不扔进水中"使漂没灭迹"？同样，埋在赵家河沙滩的尸体曝光之后，涂如松、李宪宗、陈文三人为何不把尸体挖出抛进水中，而是把尸体伪装成男性？"何其一愚至此也？"涂如松把尸体转移至赵家河沙滩时，既然把原本包裹尸体的"篾折"即竹席带走焚毁，为何却又留下原本缠系尸体的草绳？[54]

对于高李版本一内收受涂姓稻谷铜钱，协助涂姓抬埋杨氏尸体的蔡秉乾、蔡三、蔡五，蒋嘉年的第一份驳牌指出，蔡秉乾说自己年老眼瞎，蔡三说自己跛脚，怎能摸黑抬尸？蔡秉乾供称自己"乃系县审畏刑妄招"，是在高李二令严刑威胁下，被迫招认虚假罪名。[55]蒋嘉年在第三份驳牌中也质疑：蔡三与涂姓交情不深，案发当晚因为卖豆，在弟弟蔡五家中过夜，蔡姓三人为何轻易答应涂方木召唤，协助抬埋尸体？蔡秉乾和蔡五更是前后三度协助抬埋尸体，如果说是贪图涂姓一方的薄酬，未免太不合理。[56]

对于高李版本一内的赵当儿，他被指控碰见涂姓一方埋尸，向涂姓索取贿赂不遂，然后向杨姓举报，又因涂姓向其父亲赵碧山行贿，被勒令改口宣称自己被杨姓收买来诬告涂姓。蒋嘉年的第一份驳牌指出，赵当儿反易口供，说自己其实并没有目睹涂姓抬埋尸体，也没有向涂家勒索，只是在路上听到杨在佑、杨五荣说涂如松打死杨氏，就随口说自己也听过有这种说法，杨同范就许以一两银的报酬，请自己做证人，后来自己"是县审畏刑，因照涂方木口供一样讲的"[57]，可见赵当儿也是被高李二令用刑逼供，以便与涂方木口供保持一致。蒋嘉年要求提讯赵当儿，可是赵当儿失踪了。[58]

对于高李版本一的麻城县刑书李宪宗、捕役陈文，二人被指控收受涂如松贿赂，协助妆点尸形，李宪宗把尸体原本血布两块取走掩埋，陈文把尸体脚掌和头发截走掩埋。蒋嘉年的第一份驳牌质疑：血布曾被焚烧，仍有血迹，甚为坚固，不像是埋藏在潮湿沙滩内一年以上的布块；如果真是拔下的头发，为何没有发根和附带的皮肉？脚掌是否一对，骨节数目多少，已否验证是女性脚掌，为何未见说明？[59]第二份驳牌说"覆核招情，其中多伏疑窦"⑩，第四份驳牌则说李宪宗"称前获血布乃畏刑捏造"⑪，这"畏刑捏造"四字，语焉不详，直到雍正十年八月八日的高李版本二，才披露详情，参见本节注释41及下一节分析。

对于高李版本一内的涂如松邻居戴九思、涂大美、涂新三人——涂如松杀害杨氏后，为伪装杨氏失踪，召集他们到杨五荣家寻找杨氏——蒋嘉年的第二份驳牌认为，戴九思等三人"断无不知杨氏已死之情"，涂如松找人帮忙抬埋杨氏尸体，没有理由舍近求远，不找戴九思等而找"非亲非邻""一盲一跛"的蔡秉乾和蔡三；如果说涂如松担心戴九思等泄密，为何不担心蔡秉乾等泄密？因此要求提讯戴九思、涂大美、涂新三人。⑫

对于高李版本一内押解李宪宗起回血布的衙役杨贵、押解陈文起回杨氏脚掌和头发的衙役黄升，蒋嘉年的第三份驳牌要求解送黄州府衙门审讯，但黄升也失踪了。⑬

据史家后见之明，从雍正九年十月二十四日高人杰验尸、断定尸体是女性开始，到雍正十年八月八日前，是为麻城杨氏案第三阶段，为期接近十一个月（雍正十年有闰五月）。在此阶段，首先，高李二令花九个月时间为杨氏失踪案制作高李版本一：涂如松杀妻埋尸，尸体即将曝光之际，涂如松贿赂李宪宗、陈文，把杨氏尸体的血布换成男衣，把杨氏尸体的头发、脚骨截走埋藏，伪装成尸体是男性的假象，以便尸体正式曝光后掩饰尸体是杨氏的真相。汤应求并不知情，一直蒙在鼓里。然后，蒋嘉年于雍正十年七月至八月审理此案，推翻高李版本一，即使假设涂如松仍然依照高李版本一供认杀妻埋尸，但主要证人和嫌疑人如蔡秉乾、赵当儿、李宪宗也都改易口供，明确表示自己是被高李二令严刑威逼，招认虚假罪名，再加上各种物证、情节之可疑，高李屈打成招、制造冤狱的形迹应该很明显了。高李遂于雍正十年八月八日推出高李版本二。

四、高李版本二：涂如松杀妻埋尸，汤应求主使隐瞒

高李版本一被蒋嘉年四份驳牌推翻后，高李二令遂于雍正十年八月八日呈递新一份通详，笔者称之为高李版本二。高李版本一和版本二的最大分别在于，前者并不为难汤应求，后者却诬罪汤应求。

据高李版本二，各嫌疑人和证人从麻城县衙门被解送黄州府后，"忽尔改供，至蒙（署理黄州府知府蒋嘉年）驳审"，但是，蒋嘉年驳审的结果，是各嫌疑人和证人又重新落入高李二令手中，"卑职等（高人杰、李作室）遵照指驳之处，提集各犯犯证，再加逐一研究"[64]，并否认自己用刑逼供，得出的结果是高李版本一的三项主要情节不变：其一，涂如松杀害杨氏；其二，蔡秉乾、蔡三等受贿协助埋尸；其三，李宪宗、陈文协助妆点尸形。但高李提出了新解释。关于第二项，高李辩

称，蔡秉乾、蔡三虽一盲一跛，但协助埋尸时尚未失明和跛足[65]；关于第三项的新解释非常重要，不得不全文引述：

> 李宪宗等供称"从前起获之血布，乃系畏刑捏造，其头发乃如松之母将自己头发剪落，而脚骨乃系陈文之母向已故久埋之子棺内取出，同头发一并携至沙洲埋藏，俟追究时捏起搪塞。其尸身原换下之烂布与头发、脚骨，是夜已丢弃水中"，且供称"改换尸形，实系前署县汤谕令伊等向涂如松商量，将尸妆作男尸，又于通报文内，将报呈改换，现有原报呈可查。其从前不曾供出，盖为隐讳"等语。[66]

在高李版本一内，涂如松杀妻埋尸，李宪宗为杨氏尸体换上男衣，把杨氏尸体血布两块取走掩埋，陈文把杨氏尸体头发和脚骨截走掩埋。但是，蒋嘉年的四份驳牌指出，李宪宗和陈文都是在高李二令严刑下被迫招认虚假罪名，但语焉不详。而在高李版本二内，就出现了更详细和新颖的内容：李宪宗和陈文把杨氏尸体原本的血布、头发、脚骨扔进水中，李宪宗捏造血布，陈文供称利用涂如松母亲头发、自己已故兄弟脚掌，伪装成男性尸体证据，以便在尸体曝光后造成尸体是男性的假象。

更加重要的是，高李版本一中的汤应求，对于涂如松贿赂李宪宗和陈文"并不知情"，受李宪宗等蒙蔽，因而"并非不能审出实情，亦无检验不实及膜视之处"[67]；而高李版本二中的汤应求，则勾结涂如松，逼迫指使李宪宗和陈文妆点尸形，并且篡改验尸报告。高李版本一中的汤应求，是被人蒙骗的配角；高李版本二中的汤应求，则是主使蒙骗的歹角。作为罪证，高李版本二开列了汤应求验尸报告前后不一、增添内容之处。[68]笔者已在本章第一节及表1中指出汤应求"挤牙膏"式增加验尸报告内容这个致命伤，因而不烦引述高李版本二原文了。总之，高李二令由此证明"宪宗等所供，不为虚谬；而事由汤令主使，情弊显然矣"，建议上司迅速弹劾汤应求，并授权他们审讯汤应求。⑥⑨

不得不指出，高李版本二有重大漏洞：如果李宪宗、陈文真是在汤应求威逼主使下伪造证据，为何他们既没有在高李版本一中供出，也没有在蒋嘉年质疑血布、头发、脚掌等物证时供出？但是，高李指出汤应求验尸报告前后不一、增添内容，这个异常情况，却打动了各级上司。湖广总督批准审讯汤应求，若罪名成立，就要参劾。命令层层下达，湖北按察司命令黄州府"飞提汤应求到案"。署理黄州府知府蒋嘉年虽四度驳回高李初审报告，但不能违抗总督及各级上司的命令，因此建议把汤应求"题参，暂行革职，以便与案内有名人犯质询虚实"。⑦⑩据史家事后之明，汤应求验尸报告前后不一、增添内容，成为汤应求的死穴，也成为高李二令掩饰罪状、推卸责任的活门。

面对高李二令的指控，汤应求当然不能沉默。雍正十年八月十六日，汤应求呈递诉状，为自己辩护。关于验尸报告前后不一，汤应求承认是后来验出尸体现场有衣服和棉被，所以据实事后填写，但没有在通详内说明，这是负责文书的下属疏忽所致，并无任何隐情，"衹因验有衣被，与原报呈互异，是以据实添载，但未于通详内声明，实系经胥疏忽，并无别项情弊"⑦。关于高李二令，汤应求谴责他们"畏二参之限已满，处分甚严。复勒逼李宪宗改供冤详"⑫，陷害自己。所谓"二参之限"，即审结案件的第二次期限。高李如何"勒逼"李宪宗？答案是严刑拷打，在高李版本一期间，"李宪宗两日之内，叠夹数次，棍敲五百余下，又加重责"⑬。为何李宪宗在高李版本一中没有供出是受汤应求主使，在高李版本二中才承认受汤应求主使？显然，是因为"剧情需要"，高李版本一没有打算归咎汤应求，高李版本二才打算诿罪汤应求，所以严刑拷打李宪宗，直至李宪宗"配合"审讯，作出"适用"口供为止。

汤应求的诉状似乎打动了湖北按察使唐继祖。唐继祖于雍正十年九月作出批示，他比较高李版本一和高李版本二的李宪宗、陈文口供，批评高李处置物证之草率，认为血衣真假难辨，可以不予计较，但"男女脚骨迥然各别，头发是否剪落亦可识认"，为什么高李没有及时说明？[74]而且，唐继祖也和蒋嘉年一样，质疑涂如松等为何"预知事必败露，先为妆点"[75]。但是，考虑到"汤令未经到案"，要求黄州府"提汤令到案"，与其他嫌疑人和证人一同覆审。[76]于是，杨氏失踪案的一干嫌疑人、证人，又从麻城县衙门被移交至黄州府衙门，由蒋嘉年审讯。

蒋嘉年奉命开审之前，先于九月十日报告上级，指出高李二令审理该案，未能在第二次限期内审结，逾期十六天。原来，"查此案以雍正十年正月二十四日初次限满接算起，扣至八月二十四日，二限已满……逾限十六日"[77]。雍正十年正月二十四日作为初次限期，是怎么计算出来的？应该是从雍正九年十月二十四日高人杰验尸当天开始计算，为期三个月。从雍正十年正月二十四日到八月二十四日，连闰五月在内，是为第二次限期，为期八个月。[78]此举对高李二令而言，既是个下马威，但蒋嘉年也公事公办，援引雍正七年定例，以该案案情复杂，又发现新证据为由，建议把高李革职留任，给予他们四个月时间审结该案。[79]

九月十五日、十八日、二十日、二十二日，蒋嘉年四度审讯各嫌疑人和证人，详见下文。九月二十八日，汤应求终于在黄州府衙门受审。他受审后上呈湖北按察使、湖北巡抚两份报告[80]，指出高李版本的十点可疑之处，为自己辩解，笔者不烦一一提要，但最有力的质疑应该是第三点：如果涂如松真的杀妻埋尸，雍正九年三月署理湖北按察使高某"将此案汇单饬销"，岂非正中涂如松下怀？涂如松为何反而继续上控？[81]汤应求又重申自己雍正十年八月十六日诉状的论点："各犯自上年（雍正九年）十月以来，叠受（高李二令）严刑，原无半字妄扳卑职"，可见高李是为应付"二参限满"的压力，决定诿罪汤应求，因此继续严刑威逼各犯作出"适用"口供。[82]但更值得一提的是，汤应求无意之中告诉我们，原来署理黄州府知府蒋嘉年这样一位形象正面的官员，也同样用刑逼供。他在九月十五日、十八日、二十日、二十二日"严审四次，犯经叠刑"[83]，其间，李宪宗、李荣等嫌疑人受到如此"锻炼"：

> 本月(雍正十年九月)十五日在府初审，夹讯李宪宗，坚供卑职(汤应求)并无主使，亦无改换情弊，实高令等刑逼成招等语。涂如松、陈文等佥供如一。十八日，覆审无异。二十日，又夹讯李宪宗。至二十二日，研讯各犯，俱矢口不移。且夹讯仵作李荣……[84]

据史家后见之明，高李为诬罪汤应求，严刑拷打李宪宗等以套取"适用"口供；蒋嘉年无意陷害任何人，但为确保李宪宗、李荣等没有作虚假口供，也同样用刑拷打。正因为刑讯是清朝司法制度中的合法审案工具，所以只要当官审案，无论是想扭曲真相还是想追查真相，都很可能动用刑具，因而造成大量冤假错案。这一点，确实是清朝司法制度的重大弊端。

汤应求还透露：蒋嘉年当面要求自己写保证书，声明赵家河沙滩尸体确实是男性，如果自己拒绝，蒋嘉年就会向上级弹劾自己："护府面谕卑职出具男尸甘结，不出即行详参。"[85] 笔者认为，蒋嘉年此举，也许不无撇清干系、保护自己的考虑，但是，此举应该有利于汤应求，是蒋嘉年的好意。既然汤应求在该案第二阶段反复强调该尸是男性，既然高李版本（尸体本是女性但被伪装成男性）破绽如此明显，则汤应求写保证书坚称尸体本是男性，即使不是理直气壮，也应该是顺理成章的吧。但是，汤应求却拒绝蒋嘉年的要求："窃卑职原奉宪敕，质讯有无主使改换确情，并非饬讯是否男女尸骸。盖主使之有无，责在卑职；男女之真伪，责在检员。"[86] 这次审讯是要确定汤应求有没有主使李宪宗等伪装尸体，而不是要确定尸体性别。确定汤应求有没有主使别人伪装尸体，是汤应求自己的责任；确定尸体性别，是检控方的责任。汤应求如此回应，似有咬文嚼字、玩弄审案程序之嫌，十分令人费解。尸体是否男性与尸体曾否被伪装，本来就是一枚钱币的两面，汤应求为何不肯写保证书声明尸体是男性？毕竟，写保证书声明立场（出具甘结），也是清朝司法制度的正常程序之一。也许，十八世纪中国的法医水平和知识氛围，使得汤应求自己也没有十足把握判断尸体的性别？

但是，汤应求还是有所妥协。他说，由于后来才发现尸体有衣服被单等，就事后补入验尸报告，但没有把增补缘由说明清楚，因此，自己确实犯了疏忽的错误："因验有衣被等件，自应于通报文内据实详开，只未将报呈遗漏衣被声明，难辞忽略之咎。"[37]他强调，这是自己无心之疏忽，绝非有心之作弊，恳请上司"另案归结"[38]，意思是希望把自己验尸工作之疏忽，作为单独个案处置，而不牵涉杨氏失踪案。

蒋嘉年在雍正十年九月十五日、十八日、二十日、二十二日审讯各嫌疑人和证人，又在二十八日审讯汤应求，已如上述。经过这五轮审讯后，蒋嘉年也少不得向上级呈递报告。雍正十年十月蒋嘉年的通详，日期不详，并没有直接推翻高李版本，而是有意隐讳，维护高李二令，归咎汤应求，耐人寻味。

(1)仵作李荣、刑书李宪宗供称：尸体确实穿男衣，有夹被，并非受汤应求主使更换，汤应求只是事后添改验尸报告，补充男衣、夹被这两项细节。他们之前供称受到汤应求主使伪装女性尸体为男性云云，"系刑下妄扳"[89]。是在谁的"刑下"而被迫"妄扳"汤应求？当然就是高李二令，蒋嘉年没有理由不知道，但为何不提高李二令？

(2)李宪宗、陈文、涂如松"虽认假造发骨血布，终又坚称其尸原穿男衣，并非杨氏尸骸"[90]。如果单看这一句，会认为三人逻辑混乱。其实，这也是蒋嘉年有意隐讳所致，因为三人早已作供，坚称尸体是男性，并非杨氏，只是在高李二令严刑威逼下，才假造发骨血布。对此，蒋嘉年没有理由不知道，但为何不指名道姓写出是高李严刑威逼这三人作假口供、造假物证？

(3)汤应求验尸期间，差遣衙役李梅，要求保正刘兆唐、牌头赵巨年写保证书声明尸体是男性，作为回报，赏赐酒食银两予二人，"押取男尸甘结，又赏酒食银两，要认男尸"[91]。这一点姑且不论。汤应求事后发现尸体有男衣、夹被，擅自添改验尸报告而没有再度申报解释，这是汤应求自己也承认的事实。蒋嘉年把杨氏失踪案的各种疑难和异常现象归咎于汤应求擅自添改验尸报告，又指出汤应求不肯写保证书声明尸体是男性，因此，汤应求始终不能洗脱嫌疑，必须受到参劾："（汤应求）改换报呈，供证甚明，原批笔迹可据。夫报呈乃此案发觉初情，所关甚钜。该令验果互异，应于详内声明。乃擅行改易，致伏大案疑团，以启各犯前后狡展之端，其中显有情弊。……质讯之时，该令又不具结，应即详参。"[92]

作为结论，蒋嘉年说，自己为确保各嫌疑人和证人说实话，数次用刑拷问，而他们都推翻之前在高李二令审讯期间的口供，坚称赵家河沙滩尸体是男性，因此难以定案，建议另委官员重新审讯，并借调蕲水县仵作第三次检验赵家河沙滩尸体，还要检验陈文已故兄长尸体，以便验证陈文从兄长尸体上截取脚骨的口供是否属实。如果赵家河沙滩尸体是男性，则高李二令审案出错，须受参劾；如果尸体是女性，则汤应求验尸报告所谓男衣云云，就是伪造，尸体也应该就是杨氏，涂如松杀妻埋尸的罪名也就成立。[93]

笔者认为，蒋嘉年以上这份雍正十年十月的通详，是受到神秘压力而作出的违心之论。试想：蒋嘉年之前四度驳回高李版本一，现在又重新审讯各嫌疑人和证人，高李严刑威逼、屈打成招的事实已经昭然若揭。如果说汤应求事后添改验尸报告而不加声明，确实有违审案程序，应该受到处分，那么高李二令用刑威逼嫌疑人和证人作假口供、造假物证，岂不是更严重的错误？岂不应该受到更严厉的处分？为何蒋嘉年不直接参劾高李二令，反而建议第三次验尸？不过，蒋嘉年虽受到神秘压力而没有参劾高李二令，但还是尽力帮助汤应求。他建议调遣另外两县仵作进行第三次验尸，显然是要打破知县高人杰与仵作薛必奇组成的验尸团队格局，则真相仍有可能被揭开，高李二令仍有可能被参劾，汤应求仍有可能躲开诬陷。

另外，蒋嘉年也尝试安排自己脱身。他呈上这份通详后，"未经奉批之前"，不等上级批准，就在十月九日自行卸去署理黄州府知府的职务，返回蕲州知州的原任，显然是不想再理此案。然而，蒋嘉年这个如意算盘却没打响，虽然黄州府知府一职由李天祥接任，但湖北巡抚认为该案案情复杂，于十月十一日经湖北按察使命令蒋嘉年以蕲州知州身份，与汤、高、李联合检验赵家河沙滩尸体，这也将是对该尸体的第三次检验。[94]以下，笔者将根据十月二十二日蒋嘉年关于第三次验尸的报告，叙述验尸过程。

首先受到检验的是陈文兄长的尸体。[95]湖北按察使命令下达十天之后，雍正十年十月二十一日，蕲州知州蒋嘉年、广济县知县高人杰、麻城县知县李作室、蕲水县仵作高忠等，在陈文兄长陈四儿坟前开审，当场审讯陈文、陈文母亲袁氏、邻居、保正、李宪宗、涂如松等，当场记录其口供，然后命高忠挖开陈四儿坟墓棺材，把陈文较早前供称从陈四儿尸体上截取之脚骨，与陈四儿尸体比对，发现所截取之脚骨，确实与陈四儿尸体"凑合，恰成全骸，并无虚捏，果系男尸脚骨"。对此，高李二令并无异议，仵作高忠和保正等也写下"甘结"即保证书，声明检验陈四儿尸体、比对脚骨的过程属实。[96] 可见，高李版本一所谓陈文收受涂如松贿赂，把赵家河沙滩杨氏尸体脚骨截走掩埋之说法，实属虚构。但是，高李版本二所谓汤应求威逼陈文把杨氏尸体脚骨截走抛弃，用这具男性脚骨来掩饰杨氏尸体的真相、制造尸体是男性的假象，这个说法，蒋嘉年、高忠检验陈四儿尸体的发现不仅未能推翻，反而在一定程度上予以支持。可以想象，高人杰、薛必奇会振振有词地说："看，汤应求、陈文果然是要用陈文兄长尸体的脚骨来制造赵家河沙滩尸体是男性的假象，可惜躲不过蒋大人的明察秋毫啊!"不过，如果蒋嘉年主持第三次检验赵家河沙滩尸体的结果证明尸体是男性，则高李版本一和高李版本二都将站不住脚。

翌日，即雍正十年十月二十二日，蒋嘉年、高人杰、李作室、汤应求、薛必奇、高忠，还有"两造犯证"等，来到白果（杲）镇赵家河沙滩。一年多以前，雍正九年五月二十七日，汤应求验尸完毕，下令把尸体放进棺材，就地浅埋。雍正十年五月二十四日，高人杰与薛必奇第二次验尸。[57]如今，沙滩浅埋棺材之处，已经长出草来。蒋嘉年一声令下，第三次检验赵家河沙滩尸体的工作展开。薛必奇挖开沙土，从棺材中起出尸体，"当厂指认：'这髑髅骨是小的原检的'"。然后由高忠当着薛必奇的面，将尸骨逐一检验，逐一"喝报"即高声喊出检验结果，例如某骨尺寸、特征、多少节、用铁线穿定或用篾片夹定，等等。其中，髑髅骨九片、尾蛆骨八窍这两点特征，后来会引发争议，详见下文。但就目前而言，蒋嘉年的结论是"实系男尸"[58]！

既然尸体是男性，则高李所谓涂如松杀妻埋尸，在汤应求主使下与李宪宗、陈文等把杨氏尸体伪装为男性，截走杨氏脚骨头发血衣埋藏别处云云，应该说是全面破产了。高李二令陷害汤应求，严刑拷打嫌疑人，逼迫他们作出"适用"口供与伪造"适用"物证，应该说是毫无疑问了。汤应求至多也就是填写验尸报告时犯下疏忽的轻微错误，高李二令则至少犯下屈打成招的严重错误。案件至此，应该可以终结了。然而，对于汤应求、涂如松等人来说，不幸得很，案件没完没了，最苦的日子尚未到来。

高忠喝报验尸结果，蒋、高、李、汤四名官员"逐一眼同看明无异"，涉案两造人等，也"看视清白"，没有任何人当场表达异议。蒋嘉年下令把尸体放回棺材，重新掩埋，外加封条；同时审讯各人，要求填写保证书。[99] 这时，薛必奇忽然"称髑髅系伊原检骨殖，其余周身不系原骨节"[100]。蒋嘉年当场指斥此说荒谬：掩埋棺材之处，已经长出草来，没有最近被人挖开的迹象；尸体部分骨头有铁线和篾片夹定，若有人置换骨骼，应该难以做到如此稳妥；再说，薛必奇已经承认尸体头骨确实是原本的头骨，如果有人要置换骨骼，自然是全具尸体置换，不可能又留下原本头骨，让人识破。[101]

薛必奇被蒋嘉年驳斥后，"词遁语塞"[102]，居然自寻短见。当天戌刻即晚上七点至九点，衙役报告蒋嘉年：薛必奇自刎未遂，地点是"前庙大殿"，现场有"小刀一把、结一纸"。蒋嘉年下令看守薛必奇，包扎其颈部伤口，并延医调治。[103]至于"前庙大殿"是什么庙，薛必奇是在此自刎还是被人及时发现抢救并移送至此，薛必奇的"结"即保证书的内容是什么，蒋嘉年的报告并无交代，但根据蒋嘉年报告所谓薛必奇"犹敢结内朦溷"云云，应该是仍然宣称尸体除头骨外其余部分都被置换的意思。蒋嘉年推测，薛必奇虽然在保证书内继续狡辩，但又意识到无法蒙混过关，于是在尚未递交保证书前就尝试自杀，可见是"情虚畏罪，欲寻自尽了局"。[104]根据史学界对明清时期仵作制度和司法运作的理解，仵作地位卑微，在很大程度上受制、听命于州县官。如果薛必奇验尸出错的话，高人杰肯定需要负责。但是，蒋嘉年避重就轻，完全不提高人杰，而把所有嫌疑和罪名推到薛必奇头上。湖广总督也同样没有立即追究高李二令，反要求黄州府知府李天祥"率同蒋牧、高李二令，秉公悉心研讯，务得确情"[105]。

李天祥奉命回报，认为赵家河沙滩尸体既然确实是男性，则高人杰"听凭仵作薛必奇朦胧溷报"，犯下"检验不实及承审出入、易结不结"的错误；李作室"虽同高人杰会审，并未会检（尸体），理合声明"；汤应求"并无委令刑书李宪宗等改换尸形情事，但改换报呈，亦殊不合"[106]。李天祥的判断符合蒋嘉年认为汤应求并未主使他人伪装杨氏尸体为男性的思路，也有利于涂如松一方。经湖广总督、湖北巡抚、湖北按察使、汉黄德道之间文移往复后，终于由湖北巡抚拍板：高人杰检验不实，难辞其咎，但是，本案不属于"易结不结"之类，而恰恰相反，属于案情复杂难结之类，根据审案条例，若官员在二限内无法审结案件，可以声明困难，申请再多给四个月时间审案。因此，要"另委贤员"，另外委派官员审理此案，并且"应惟该仵作(薛必奇)是问"，看来也是预备把所有嫌疑推到薛必奇头上。[107]

换言之，高人杰、李作室从雍正九年五月二十四日到雍正十年八月八日，严刑威逼各嫌疑人和证人，套取"适用"口供与物证，先后推出杨氏失踪案的两个版本，声称涂如松杀妻埋尸，汤应求主使伪装尸体为男性。经汤应求、蒋嘉年反复指出其漏洞和破绽，上级并未立刻追究和处罚高人杰。蒋嘉年领导第三次验尸，重申尸体是男性，得到李天祥的支持，上级仍然不追究和处罚高人杰，而是决定另行委派官员重审此案，并预备把罪名推到薛必奇头上。高人杰显然有强大的后台，那么这后台是谁？详见本书第二章第二节的分析。

面对蒋嘉年十月二十二日有关第三次验尸的报告，高李二令当然不会沉默，他们在十一月二十五日前连上两份报告[108]，坚称十月二十二日第三次验尸时，只有头颅是尸体原本之头颅，其余各处骨骼已被汤应求主使盗换。笔者不烦仔细交代，但以下三点辩驳，倒是值得引述。

（1）雍正九年五月二十四日汤应求接到赵家河沙滩发现尸体的报告后，二十五日前往验尸，中途折返，原因是遇到大雨，但是，高李"查阅去年五月汤令晴雨报折，二十五日并未下雨"[109]，可见汤应求故意拖延，以便有充分时间把尸体伪装为男性。这一点如果属实，理应成为汤应求的致命破绽，但奇怪的是，不仅汤应求一直没有回应，各级上司也没有追究，高李之后也不再提及。这是不是因为汇报晴雨制度在十八世纪清朝官员心目中，本来就是虚应故事的具文？

（2）雍正十年十月二十二日薛必奇自杀未遂一事，高李称蒋嘉年两度拒绝接纳薛必奇的"结"即验尸报告及保证书，逼薛必奇承认尸体就是原本尸体，没有被盗换，所以薛必奇绝望自杀，而地点原来竟是在"蒋牧寓所"。高李还说，如果薛必奇真是畏罪自杀，为何不自杀于高人杰寓所而自杀于蒋嘉年寓所?[110]这一点如果属实,则蒋嘉年逼死薛必奇的嫌疑甚大,但同样奇怪的是,蒋嘉年没有回应,上司没有追问,高李也不再提及。

(3)据《洗冤录》,髑髅骨即头骨,男性八片,女性六片。雍正十年十月二十二日薛必奇验尸时表示,只有头骨是原本头骨,而他最近检验过"黄冈县牛车河之男尸",头骨八片,与赵家河沙滩尸体头骨"大不相符"。薛必奇"愿具死结,取出比对",愿意以自己性命作为担保,建议把牛车河男尸挖出,与赵家河沙滩尸体比对。[111]正如《自警录》常见的"前略后详式叙述"现象,薛必奇以上建议,并不见于十月二十二日蒋嘉年验尸报告内,而见于高人杰事后的反驳报告内。

汤应求随即反击,详细论证尸体头颅是男性,结论是"夫以头既系男头,则周身骨殖盗换何为?种种狡诈,不必再加驳诘,俱可一击粉碎也"[112]。但是,湖北按察使唐继祖仍然决定不予结案,而是"改委黄冈县知县畅于熊、蕲水县知县汪歙审办"⑬。

畅汪二令登场，颇为客气，先以"移"即平行文书方式就案情咨询汤应求，汤应求也于雍正十一年二月二十七日"移覆"即以平行文书方式回复畅汪二令。这份将近一千二百字的回复，内容大部分并无新意，但是，以下这一段，应该会让读者大吃一惊。原来，雍正九年五月二十四日赵家河沙滩尸体的消息报入麻城县后，汤应求验尸和调查期间：

> 忽风闻（该尸体）系卢斋公故物。敝县欲唤彼地甲邻人等查讯，又恐拖累无辜，因刘兆唐系彼处保正，故著李梅唤讯："你若知道这尸是卢斋公的，据实供出，我赏你十两银子。"⑭

关于汤应求差遣李梅赏赐酒食银两予刘兆唐、赵巨年，要求他们写保证书声明尸体是男性这一点，蒋嘉年在雍正十年十月的通详中已经指出。⑮关于汤应求以"挤牙膏"

方式增添验尸报告内容这一点，也详见本章第二节，尤其是表1。不幸的是，现在又"挤出"新内容：汤应求当时就听到传闻，说这尸体就是卢斋公。死者有名有姓，不难追查出更多细节，为何这重大线索浮现将近两年之后，才进入本案的文献内？这又是《自警录》"前略后详式叙述"的结果，还是汤应求基于某些原因一直隐瞒这一线索而如今不得不交代出来？笔者暂时不理会这些疑团，继续叙述案情。

雍正十一年五月初一日，畅汪二令作出极不利于汤应求的裁决：汤应求有三点可疑及错误之处。

(1)汤应求从收到赵家河沙滩发现尸体的报告算起，第三天才到达现场验尸，其间去而复返，又没有立刻说明尸体性别，形迹可疑。

(2)汤应求把保正刘兆唐报告的"'手上有皮肉、尸系仰面'等语任意删去，填写'身穿衫袄、腰裹夹被'字样作为原报"。可见汤应求确实删改了刘兆唐的报告。

(3)刘兆唐等在畅汪二令审讯之下，说"当日开检尚有蛆虫臭味，血水未干"。但是汤应求递交上级的"原详"即初审报告，却没有记下这些细节。

畅汪二令总结说：可见汤应求审理命案，马虎草率，又增删保正的验尸报告，犯了官员审案的大错，"是该县玩视人命与增减紧关情节，均干功令"。[16]而且他们认为汤应求恃着自己有官职在身，一直不肯配合调查工作，建议参劾汤应求，并请求上司授权他们审讯汤应求，以便早日结案。

汤应求回应，提出新的验尸建议：最近麻城县另有一案，涉及刘有三这具男性尸体，汤应求于"本月初一日"建议将刘有三的头颅与赵家河沙滩尸体的头颅进行比对。审理此案的官员是谁？恰好是黄冈县知县畅于熊。检验刘有三尸体的仵作是谁？应该就是高忠。[17]不难看出，汤应求的这项建议，与高人杰、薛必奇所提将黄冈县牛车河男尸与赵家河沙滩尸体进行比对的建议针锋相对。高人杰一方，由仵作薛必奇出面，建议比对牛车河男尸，目的是证明赵家河沙滩头骨不是男性；汤应求一方，由仵作高忠出面，建议比对刘有三尸体，目的是证明赵家河沙滩头骨确实是男性。这两项建议是否获准执行？

畅汪二令虽参劾汤应求，现在却又帮汤应求一把，只是形迹太露，帮了倒忙。他们指出，高人杰和仵作薛必奇一方，汤应求、蒋嘉年和仵作高忠一方，都同意赵家河沙滩尸体头骨确实是原本头骨，未遭盗换，而且"仵作高忠称，覆检之头骨，与昨所捡刘有三之头骨无异。则两骨具在，正可比对"。因此，建议"飞调外府邻近县属一员"，连同高李畅汪四令，带领包括汤应求在内的嫌疑人和证人，"取具两尸头颅，公同阅对"。⑱（按：如果两头骨没有分别，又何必比对？畅汪二令如此引述高忠供词，岂非帮汤应求的倒忙？湖北按察使可能考虑到刘有三尸体作为男性的事实既已确立，用此头骨比对赵家河沙滩尸体头骨，以便查明后者的性别，不失为合理的建议，因此可能也就不理会畅汪二令报告文字的逻辑漏洞，批准"相应请委汉阳府属与麻邑附近之黄陂县知县黄奭中"，会同高李畅汪四令比对两具头颅。[119])

高人杰反击，他没有放过畅汪二令报告文字的逻辑漏洞："高忠既曰刘有三头骨与此（赵家河沙滩尸体）头无异，则无待于比对而卑职之听参已定矣。"畅汪二令犯了结论先行、倒果为因的错误，而且，为什么薛必奇比对牛车河尸体头骨的建议"皆不可信"，而高忠比对刘有三头骨的建议却"可凭"？但是，高人杰愿意妥协，他建议"将牛车河之头与刘有三头骨逐一公同比较……如果尽与沙洲之头骨无异，卑职甘受参罚而无悔矣"。[120]高人杰建议比对三具头骨，证明赵家河沙滩尸体并非男性而是女性，看来相当自信。

湖北按察使否决了高人杰建议，理由是该建议会导致更多尸体"受开检之惨"，"殊属不成政体"，因此维持原判：比对刘有三头骨和赵家河沙滩尸体头骨，并委任汉阳府黄陂县知县黄奭中主持。湖广总督和湖北巡抚也都批准湖北按察使的原判。[121]

到了这一步，汤应求一方应该感到欣慰，赵家河沙滩尸体看来即将经历第四次检验。但是,雍正十一年五月二十三日,赵家河沙滩尸体被发现的整整两周年之日,一场洪水把尸体连同棺材都冲走了!"二更时分,亭川乡沙井区地方陡起龙水,致附近之赵家河沙洲泛溢成河,所有看守检验尸骸棺底冲开,骨殖涣散。"李作室翌日收到报告,赶赴现场,证实"埋骨处所,已成河流",附近村民打捞到"骨殖十八件""头颅一个"。[122]对此,湖广督抚两衙、湖北按察司、汉黄德道都非常生气,要求严肃调查是否"奸徒"所为。湖北按察使另外委派黄梅县知县钱家暨到赵家河沙滩现场调查,证明李作室所言非虚,确实是洪水泛滥,冲走尸体和棺材,并非"奸徒"所为。[123]黄奭中和畅汪二令联合报告,说命令薛必奇、高忠两名仵作在麻城县玉皇阁庙检验那个新近捞获的头颅,两名仵作都说该头颅并非赵家河沙滩尸体原本头颅。[124]总之,赵家河沙滩尸体因为洪水这种"不可控因素",已经荡然无存,连唯一可能证明尸体为男性的头颅也都消失了。汤应求一方的失望和沮丧,不难想象……

对汤应求而言，更加祸不单行的是，赵家河沙滩尸体被冲散两天之后，雍正十一年五月二十五日，湖北巡抚德龄会同湖广总督迈柱上奏题本，指责汤应求增删验尸报告、含糊抵赖，要求把他革职查办："请旨将汤应求试用知县职衔革除，以便严审究拟。"[125] 八月二日，清世宗下旨批准。湖广总督又委任武昌府咸宁县知县邹允焕、汉阳府黄陂县知县黄奭中接手审理此案。[126] 就在这将近三个月期间，畅汪二令向湖北巡抚、湖北按察使提交一份长篇"案略"，陈述案情经过，虽然结论是此案真相不易查出，"难得真情"，但其实全文支持汤应求，采用汤应求的版本来叙述案情，指出高李版本的破绽，批评李作室"惟高人杰之言是听"，批评高人杰"苦事刑求"。[127] 但是，就汤应求而言，无补于事，蒋嘉年、畅于熊、汪歙这三位支持汤应求的官员，先后被调走。新近获得任命审理此案的邹允焕、黄奭中两位官员，都站在高李二令一方，或者更准确地说，都站在高李二令的后台一方。

据史家后见之明，从雍正十年八月八日高李版本二推出，到十一年五月二十五日汤应求被湖广总督和湖北巡抚联名弹劾，是为麻城杨氏案的第四阶段，为期七个多月，时间不长，但却是该案最复杂难解的阶段。这个阶段可再细分为三点。第一，高李为杨氏失踪案制作高李版本二：涂如松杀妻埋尸，尸体即将曝光之际，汤应求收受贿赂，主使刑书李宪宗、衙役陈文，力图把杨氏尸体伪装为男性。方法是把杨氏尸体之头发、脚骨截走，与血衣一道抛进水中，然后为尸体换上男衣，用涂如松母亲头发冒充为杨氏发辫，用陈文已故兄长的脚骨冒充为杨氏脚骨，又分别把伪造的血衣、伪造的男性发辫和男性脚骨掩藏，以便尸体正式曝光后，让官府找出这些假物证，造成尸体是男性的假象，掩饰尸体是杨氏的真相。第二，推翻高李版本一的蒋嘉年，主持赵家河沙滩尸体的第三次验尸期间，高人杰一方的仵作薛必奇，忽然声称该尸体除头颅骨以外，其余骨殖都被盗换，还建议用牛车河男尸头骨比对赵家河沙滩尸体头骨，当天晚上更尝试自刎，但被及时发现抢救。上级委任黄冈县知县畅于熊、蕲水县知县汪歙审理此案。汤应求建议用刘有三男尸头骨比对赵家河沙滩尸体头骨，上级批准，命令黄陂县知县黄奭中主持两具头骨之比对。第三，比对头骨的工作尚未展开，一场洪水就把赵家河沙滩尸体连棺材冲走，汤应求随即被革职查办。总之，高李版本二比版本一更加牵强、更多破绽，但上级继续偏袒高李，赵家河沙滩尸体又"及时"地因为"不可控因素"而消失，剩下来的，就是为汤应求、涂如松一方准备好的炼狱和死路！

五、邹黄版本：汤应求罪名成立

雍正十一年五月二十五日，湖北巡抚德龄会同湖广总督迈柱上奏题本，参劾汤应求，建议将其革职查办。八月二日，清世宗批准湖广总督委任武昌府咸宁县知县邹允焕、汉阳府黄陂县知县黄奭中审讯麻城杨氏案。邹黄二令登场。雍正十二年十月，邹黄二令经十四个月的审讯，推出了他们眼中的案情，是为邹黄版本。在介绍邹黄版本之前，读者不妨回顾高李两个版本的演变。高李版本一所谓李宪宗、陈文把杨氏尸体血布取走掩埋，头发、脚骨截走掩埋的说法，既被蒋嘉年识破，高李版本二就要自圆其说，修改为：李宪宗、陈文把杨氏尸体头发、脚骨截走，与血布一道扔进水中，把涂如松母亲头发、陈文已故兄长尸体脚骨掩埋，预备官府找出，造成尸体是男性的假象。但是，第三次检验赵家河沙滩尸体时，高人杰、薛必奇都宣称尸体除头颅骨外，其余骨殖均被盗换，上级批准用刘有三头颅骨比对赵家河沙滩尸体头颅骨后，一场洪水又把赵家河沙滩尸体冲走。虽然如此，盗换之说，如何圆下去？这就是邹黄二令的任务之一了。

　　根据邹黄版本，涂如松误杀杨氏后，抬埋尸体，被赵当儿发现。涂如松通过族叔涂方木请"与杨家不和"的生员蔡灿协助掩饰，且送二十两银予蔡灿作为报酬，蔡灿"当即应允"[128]。随后，赵家河沙滩发现尸体，蔡灿通过李宪宗向汤应求行贿"八折银六十两，实银四十八两"，汤受贿后，故意拖延验尸时间，蔡灿也贿赂仵作李荣铜钱三百文，请他撰写"适用"的验尸报告。汤应求也逼最初发现尸体的保正刘兆唐、牌头赵巨年篡改报告。[129]雍正九年十月二十四日，高人杰和薛必奇验尸，认为"实系女尸"后，蔡灿意图把杨氏尸体偷偷换成男性尸体，"盗换男尸覆检，希图翻案，并陷高令检验不实之咎"[130]，方法是"于雍正十年正月二十五日夜，带同（家人）何成、万贯至七里冈上刨出韩择吉父尸，装入布袋"，搬到学堂，请李宪宗、李荣将尸体"蒸煮穿系"。他们又考虑到原尸没有脚骨，遂"拆下（韩择吉父尸）脚骨"，再将尸体搬到赵家河沙滩，把原尸"抛弃河中灭迹"，而把韩择吉父尸放进赵家河沙滩原尸棺内，冒充原尸。这一切，汤应求都是知情的，并且"呈请覆检，均各恃为无恐"。[131]但高李二令仍然查出"如松执持纺线车心殴死杨氏并李四等抬埋及陈文同宪宗妆点尸形、蔡灿主谋作状各情由"[132]。蔡灿

"畏罪潜逃"，而由于高李二令"严追杨氏头发、脚骨、血布"，涂如松母亲遂剪下自己头发，陈文母亲遂取出已故长子的脚骨，李宪宗亦假造血布，以为"搪抵"之用。[133]（按：高李二令既已审出涂如松杀妻埋尸、蔡灿盗换尸体的"实情"，涂如松、陈文、李宪宗等何必还要大费周章动员家属制造假物证来"搪抵"？假象已被戳破，还想用假物证维持假象，岂其愚不可及，一至于此？只是，邹黄版本这段舛驳的情节，各级上司似乎都照单全收。）

汤应求的末日逐步来临。畏罪潜逃安徽的蔡灿终于落网，于雍正十二年七月四日被押解至武昌，在黄奭中"严行锻炼"下，供认自己盗换尸体的"实情"，说自己曾得汤应求窝藏，又得汤应求赠送四两银以便"远飏"。[134]十月，邹黄二令拟好判词：蔡灿干犯生员条例，包揽词讼等，都算是轻罪，姑且不予计较，但是，他盗换和折割尸体，比起"开棺见尸"律的情节更严重，依照"开棺见尸"律，理应判处绞刑，又负罪潜逃，理应判处绞立决，因此要从重处分，比照"光棍"例，光棍为首者斩立决，判处蔡灿斩立决。[135]涂如松杀妻埋尸，判处绞监候。[136]

至于汤应求，这时已经成为阶下之囚，和蔡灿一样被"严行锻炼"，只能"诬认受赃纵庇"。[137]邹黄判决书称，汤应求增删验尸报告之举，属于轻罪，姑且不予计较，但是他收受蔡灿贿赂八十四两，根据律例，官员受贿八十两以上，就要和行贿者同样定罪量刑。行贿的蔡灿，原本应该根据"开棺见尸"律判处绞刑，因为罪行严重而改判斩立决，汤应求则应该继续按照"开棺见尸"律量刑，判处绞监候。另外，律例规定，干犯贪污受贿的官员，清还贿款之后，可以"减等"即减轻刑罚。如果汤应求被判处绞监候但清还贿款，则在绞监候减一等，就变成流三千里，起码可保住性命。但是，考虑到汤应求罪大恶极，必须从重量刑，所以建议不允许清还贿款后减刑，仍然判处绞监候。[138]

汤应求收受贿赂八十四两？不是说蔡灿通过李宪宗向汤应求行贿"八折银六十两，实银四十八两"[139]吗？为何此处说是"八十四两"（原文确实如此），是否为"四十八两"之误？如果汤应求收受的贿款只有四十八两，即使用八折银六十两的名义金额来衡量，也还达不到官员受贿八十两以上与行贿者同样定罪量刑的条件。于是，到了署理湖北巡抚杨甡雍正十二年十二月二十日题本内，可能发现这个漏洞，就又自圆其说，谓蔡灿在贿赂汤应求四十八两请汤应求拖延验尸时间之前，早已贿赂汤应求三十六两，请汤应求褫夺杨同范生员资格。[140]两笔贿款加起来就是八十四两，满足了官员受贿八十两以上与行贿者同样定罪量刑的条件，汤应求始终难保性命。当然，不得不说这恐怕又是《自警录》"前略后详式叙述"风格之一征吧。

雍正十二年十二月二十日，署理湖北巡抚杨甡上奏题本，把邹黄版本有关案情的描述、有关各罪犯的定罪量刑建议照单全收，还修补了汤应求收受贿款八十四两之说的破绽。翌年即雍正十三年三月九日，奉清世宗圣旨，交由刑部、都察院、大理寺三法司审核。[141]汤应求看来是难逃一死了，但是，雍正十三年七月二十四日，杨氏"复活"，重现人间了！历时五年多的涂如松杀妻埋尸案，要彻底翻案了！

据史家后见之明，从雍正十一年五月二十五日汤应求被湖北巡抚德龄会同湖广总督迈柱联名参劾，到雍正十三年七月二十四日，杨氏重现人间，是为麻城杨氏案的第五阶段，连同闰月在内，为期接近二十七个月，是本案时间最长的阶段，但其中情节倒是最为简单，基本上就是武昌府咸宁县知县邹允焕、汉阳府黄陂县知县黄奭中"严行锻炼"蔡灿、涂如松、汤应求等嫌疑人，逼他们诬认罪名：涂如松杀妻埋尸，蔡灿主使盗换尸体，汤应求收受贿赂掩饰真相。是为邹黄版本。

六、杨氏"复活"，冤案平反

雍正十二年十二月二十日，署理湖北巡抚杨秘把麻城杨氏案的邹黄版本以题本形式上奏朝廷。[14]查武昌城与京师距离三千一百五十里，假设杨秘题本以普通公文驿递日行三百里计算，十一天内可抵京师，如果用最快的日行六百里加急速度递送，则六天内可抵京师。[⑬]可能不巧碰上农历新年假期，大小衙门放假，所以要等到翌年即雍正十三年三月九日，才得世宗下旨，把麻城杨氏案的邹黄版本转给刑部、都察院、大理寺三司覆核。这一覆核，耗时四个月，雍正十三年七月十二日三司会审之后，刑部上奏题本，正式接纳麻城杨氏案的邹黄版本，建议蔡灿斩立决，汤应求和涂如松绞监候。五天之后，即七月十七日，世宗下旨批准。三天之后，即七月二十日，刑部关于将蔡灿斩立决的文书从京师寄发署理湖北巡抚；八月八日，该文书从北京到达湖广省会武昌。[⑭]但是，这时，武昌城内外的官员们、麻城县内外的百姓们，应该都知道杨氏案要翻案了，因为，"遇害"五年多的杨氏，竟然"复活"，重现人间了！

根据麻城县令陈鼎的报告，他上任伊始，就风闻杨氏案是一宗冤案。他派遣可靠的家丁四处侦查，终于在白果（杲）镇找到一位稳婆，说杨氏并未被杀害，而是一直躲藏在其兄长杨五荣家中。这位稳婆是如何得知这一重大消息的？因为"前月杨五荣之妻生产，邀伊（这位稳婆）接生，骤入卧房，陡见杨氏闪避床后"。陈鼎遂于雍正十三年七月二十三日"带领家丁干役，星驰前往。次日微明，始抵杨五荣家，出其不意，入室搜查，在于床后仓套内，果将杨氏搜获"⑭。也就是说，杨氏于雍正十三年七月二十四日重现人间，距离雍正八年正月二十四日失踪，刚好五年半！

陈鼎把杨五荣、杨氏、母亲朱氏一同押回麻城县衙门审讯，路上，杨五荣撞头自杀未遂，但不省人事，无法录取口供。陈鼎审讯杨氏及其母亲朱氏，得出以下版本：雍正八年正月二十四日，杨氏自娘家返至婆家，与丈夫涂如松口角，"抱忿出外，潜匿素有奸情之冯大家"。杨五荣最初以为杨氏被涂如松杀害，到官府告状，得知真相后，将错就错，把杨氏藏匿于堂兄杨同范家中，继续控告涂姓。雍正十二年七月，邹黄二令判处涂如松、蔡灿、汤应求罪名成立，杨同范妻子刘氏认为案件已经完结，就把杨氏送回杨五荣家藏匿。[146]换言之，杨氏自行离开夫家，先潜逃至"奸夫"冯大家中，后回到哥哥杨五荣家，再经杨五荣安排，转移到堂兄杨同范家中；藏匿四年多后，又回到杨五荣家中藏匿；再一年后，杨五荣妻子生产，一位接生婆应邀前往杨家接生，发现杨氏踪迹，通报陈鼎，杨氏终于被陈鼎抓获。

陈鼎逮捕杨氏后，为求确认杨氏身份，把涂杨两造亲戚（包括杨氏家婆许氏）、邻居、甲长等找来，大家都说这位杨氏"实系涂如松之妻杨氏"。陈鼎还不放心，把涂如松和其他犯人一字排开，命杨氏指认。杨氏看到涂如松，"低头不语，面有愧色。涂如松积怨深怒，毛发皆竖"。陈鼎于是作出结论："其为杨氏正身，实属毫无疑义。"陈鼎一面禀告上级，一面预备逮捕杨同范、冯大等。[147]

杨氏并未被杀，意味着从高人杰开始的各种审讯判决全部出错，翻案势在必行，湖广总督迈柱以下各级官员势必被追究、被处分。可能正因如此，迈柱对于陈鼎抓捕杨氏的报告，并不高兴。他批示说，杨氏身份仍属"真伪未确"，陈鼎只是记录杨氏口供，未根据案情查证口供之真伪。因此，陈鼎"亦难责以承审"。他不仅不让陈鼎审理杨氏案，而且命令湖北按察使把所有嫌疑人、证人调到省会武昌城，"分别羁禁"，委任其他州县官员，会同布政使与武昌、汉阳二知府联合审讯。迈柱似乎想把陈鼎摒出局外，而把嫌疑人、证人圈进武昌城监狱，置于自己股掌之中。湖北巡抚吴应棻也同意迈柱的决定，以咬文嚼字的方式泼陈鼎的冷水：杨五荣供称把杨氏窝藏在"床后仓圈"，"仓圈何物，而能将人藏至五六年之久？语太不经"[18]。表面上指斥杨五荣供词不可信，其实是指陈鼎报告不可信。

陈鼎只能依令行事，把一干嫌疑人、证人移送武昌城。这时，七月二十四日被逮捕后撞头自杀未遂，不省人事，因而无法配合作供的杨五荣已经伤愈，他派遣杨维楫到湖北按察司告状，指责陈鼎设局陷害自己："买通流妇，突于七月二十三日晚至家。县差随拥入室，独将流妇锁去，冒称杨氏，复将蚁母威拿严刑，勒认流妇是女。"根据杨五荣的状词，陈鼎收买一名风尘女子，派她跑进自己家中，埋伏好的差役随即冲进来，逮捕这名风尘女子，宣称就是杨氏，还严刑逼迫自己母亲供称这名风尘女子就是杨氏。换言之，杨五荣仍然坚持杨氏被涂如松杀害掩埋之说。只是，陈鼎调集相关人等（尤其是涂如松和涂母）当面对质，确认杨氏身份的验证工作周密完善，湖北按察使袁承宠否决了杨五荣的申诉，还要求调查这申诉幕后的"讼棍"。[149]

巧合得很，雍正十三年七月二十四日，就在陈鼎抓获杨氏这一天，清世宗下旨：任命湖广总督迈柱为内阁大学士，接替鄂尔泰，湖广总督一职由张广泗接替，迈柱须等张广泗到达武昌城交代职务后，再启程赴京。[150]虽然迈柱暂时还留在武昌城，依然能够以湖广总督之尊处理杨氏案，但他调职日期逐步来临，再加上清世宗于雍正十三年八月二十三日己丑[151]驾崩，户部尚书史贻直被高宗任命为湖广总督前往武昌，彻底翻案遂成为可能，这是后话。

湖北巡抚吴应棻虽泼陈鼎的冷水，但依然是杨氏案翻案的要角之一，功劳仅次于陈鼎。因为，陈鼎抓获杨氏后，进而逮捕杨同范、冯大等嫌疑人，是吴应棻而不是迈柱上奏，请求暂缓处决蔡灿："巡抚吴应棻即以杨氏已获，案须另审，恭疏题报，请将斩犯暂行停决。"[152]不过，话又说回来，吴应棻上奏日期不详，但迈柱上奏，表示发现杨氏，请求暂缓处决蔡灿的日期倒是班班可考——雍正十三年八月十六日，这是八月八日刑部有关处决蔡灿的命令到达武昌城后八天，七月二十四日陈鼎报告捉获杨氏后二十二天。可见无论迈柱对杨氏案的真正想法是什么，他至少没有闭起眼睛下令执行刑部的处决蔡灿文书，也算是及时把杨氏在生的消息通报朝廷。

杨氏并未被杀的消息，分别由吴应棻、迈柱奏报京师后，十月七日，得到圣旨，命三法司覆核。十月二十五日，刑部知会吴应棻，要求尽快查明真相，报告三法司。十一月十九日，刑部知会吴应棻，下令将李荣、涂方木、赵碧山等原本被判处充军、徒刑之罪犯，暂停服刑。十一月二十八日，三法司覆核完成，刑部知会迈柱，下令暂缓处决蔡灿，重新调查。[153]读者不难看出蹊跷：朝廷为何分别知会吴应棻、迈柱？

考虑到京师三司覆核杨秘题本耗时五个月（雍正十三年三月九日至七月十二日，连同闰四月在内）[154]，如今三法司因杨氏重现人间而覆核，耗时不足两个月（雍正十三年十月七日至十一月二十八日），其间还主动催促吴应棻重新调查，又命令吴应棻暂停执行死刑犯以外的犯人的刑罚，可见，世宗崩于雍正十三年八月二十三日后，各种奏折题本的往复不仅没有堆积拖延，反而效率显著提高，原因是世宗驾崩，高宗虽未改元但已亲政吗？可能是，但是，其实还有更直接、更重要，而且应该不为汤应求所知的原因：吴应棻在雍正十三年十月内"密奏酷吏滥刑，致成冤狱，请革职审讯"。高宗回应得十分不客气："命案重大，知县高人杰若果锻炼成狱，拖累多人，则罪不可逭，应速具本严参，革职审讯，何待请旨而后行耶！"⑤麻城杨氏案必将翻案，高人杰炮制冤案的劣行必将受到处分，这是毫无悬念的了。但高宗的批答却透露微妙的信息：吴应棻作为湖北巡抚，确实有权力也有责任及时参劾处分高人杰，为何吴应棻要小心翼翼地先上密折？吴应棻贵为湖北巡抚，谁会令他心存顾忌？无疑就是湖广总督迈柱了。而高宗批答得如此不客气，显然是告诉吴应棻：不必顾忌。

有了圣旨壮胆，吴应棻不再顾忌，雍正十三年十一月七日、二十二日，他连上两题本，分别参劾高人杰、黄奭中。吴应棻称，高人杰的罪名是"罗织人命、锻炼冤狱"，明确指责他审理杨氏案期间"毁尸换尸……溷拿溷夹……案拖五载，累及百人"；黄奭中的罪名是"贪酷不法"。十二月一日、十六日，高宗分别回应吴应棻两题本，下旨把高人杰、黄奭中革职查办。⑤

可见，从雍正十三年八月十六日迈柱上奏题本，报告杨氏在生，到同年十一月二十八日刑部知会迈柱，命令暂缓处决蔡灿，尽快查明真相，这两个日期中间，原来还有关键内幕：虽然吴应棻弹劾黄奭中的题本未必能在十一月二十八日前抵达京师，但是，十月内吴应棻的密折和高宗的批答密旨、十月二十五日刑部催促吴应棻重新调查的知会、十一月七日吴应棻弹劾高人杰的题本，这四份文书终于促成刑部十一月二十八日的翻案命令了。

同时，行文至此，读者应该看得出湖北巡抚吴应棻与湖广总督迈柱就平反杨氏案一事发生矛盾，从吴应棻催促湖北按察使加快平反杨氏案工作的命令可知，平反工作并不顺利，湖北按察使自然会比吴应棻更对迈柱心存顾忌。[157]如果说这仍然是猜测的话，雍正十三年十二月八日内阁转发的上谕，就完全证实了这项猜测：上谕说，关于杨氏案，"该省督抚各持意见。今该督抚俱已奉旨来京，此案著暂停查审，候户部尚书史贻直到任后秉公审讯具奏"。[158]前文指出，朝廷于是年七月二十四日任命迈柱前往京师担任内阁大学士，接替鄂尔泰，迈柱原本的湖广总督一职由张广泗接替。现在，高宗把"各持意见"的迈柱和吴应棻都调离湖广，前往京师，改委户部尚书史贻直为湖广总督，到武昌重审杨氏案。杨氏案平反的绿灯，全数亮起。杨氏案也进入中国传统戏曲中钦差大臣平反冤狱的戏码了。

史贻直来到武昌后，委派汉阳府孝感县知县金虞、荆门州知州张镇重审杨氏案。乾隆元年（1736）二月十七日，正在湖北安陆府天门县知县任上的高人杰，也被押解到武昌城的湖北按察司。[159]三月二十日，金虞、张镇审出杨氏案的"定本"，是为金张版本，这个金张版本，基本上就是汤应求版本的扩充修正版本，其可疑之处待下文分析，现在首先分条概述之。

（1）赵家河沙滩尸体的真正身份，是"生员董脩五开户仆人卢斋公"，他于雍正九年四月在王家堰"捞鱼失足溺毙"。所谓"开户"，是已经脱离主仆关系之谓。"伊侄卢三儿不买棺木，仅用随身衣被，将尸埋于赵家河沙滩，并未报验。"[160]（按：卢斋公死于四月，而"出土"于五月下旬，鉴定其容貌、性别似并非难事，这是本案一大疑点，详见本章"小结"之分析。）

（2）杨氏以童养媳身份嫁给王廷亮之子王祖儿，在王家"即与冯大有奸"，王祖儿死后，于雍正六年改嫁涂如松。[161]雍正八年正月十三日，杨氏归宁，二十四日，哥哥杨五荣送杨氏回到涂如松家。当时涂如松外出，母亲许氏责备杨氏归宁太久，杨氏反驳，婆媳口角。涂如松回家，得知其故，不仅责备杨氏，还想用扁担木棍殴打杨氏，被许氏制止。涂如松随即又外出，当晚回家，到母亲房间烤火，与杨氏赌气。杨氏气不过，当夜离家出走。[162]

（3）杨氏于雍正八年正月二十四日晚离家出走，在"箭场"碰到冯大，冯大得知杨氏出走缘故，萌生诱拐杨氏的歹念，适值自己婶婶罗氏归宁，遂把杨氏窝藏在罗氏家中一段时间，其间二人"屡行奸宿"。罗氏回家后，吵闹说要报官，冯大便通过王廷亮向杨五荣传递消息，杨五荣于三月五日到罗氏家接走杨氏，同时收受冯大八两银，答应不追究冯大。杨五荣随后又听从杨同范主使，把杨氏藏匿在杨同范家中。[163]

（4）正月二十四日晚杨氏失踪，涂杨二姓开始到处寻找，并于正月二十九日到县衙门互相控告。赵当儿听闻杨五荣、杨在佑推测涂如松打死杨氏，就到杨五荣邻居黄孔文家，向杨同范信口开河说自己知道涂如松打死杨氏。杨同范大喜，许诺一两银，请赵当儿作证。赵当儿拒绝，但被杨五荣于二月一日扭送县衙门，作为涂如松杀害杨氏的人证，赵当儿向衙门供出杨同范收买自己做假证人。当时的麻城县知县杨思溥并不接受杨姓一方有关涂如松杀害杨氏的指控，责成涂如松追查杨氏下落。后来杨思溥被参劾，雍正八年十月十七日，汤应求以署理知县身份接任。案件胶着。[164]换言之，杨姓一方早在雍正八年三月五日就已找回杨氏，接走藏匿，继续控告涂如松杀害杨氏。

（5）雍正九年五月二十二日，埋藏于赵家河沙滩的卢斋公尸体被犬扒出，杨同范打算用这具尸体来坐实涂如松杀妻埋尸的指控，便贿赂仵作李荣十两银，请李荣报称尸体是女性，李荣拒绝。二十七日汤应求验尸当日，杨同范动员"同姓不同宗"的举人杨龙光即杨物华在场争闹，之后又请杨龙光代为告状。汤应求打探到传闻，说尸体是董脩五仆人卢斋公，杨同范又贿赂刘兆唐等，请他们作假证供，说卢斋公的主人是董通安而非董脩五。[165]

(6)后来广济县知县高人杰奉命带同黄冈县仵作薛必奇前来验尸，杨同范向薛必奇行贿十两银，薛必奇答应，谎报尸体为女性。高人杰相信尸体就是杨氏，"遂将各犯严行拷讯"，以致涂如松、陈文、李宪宗三人被迫"妄招妆点尸形"。高人杰继续刑讯追究尸体"原有"的"脚骨、头发、血布"，三人家属因此也就不得不"合作"：陈文母亲从已故长子陈四儿棺中截取脚骨，冒充杨氏脚骨；涂如松母亲剪下自己头发，冒充杨氏头发；李宪宗妻子染造血布，冒充杨氏血衣。还把这些假物证埋进沙滩，以便让高人杰派人找出。[166]（按：这就是高李版本一。）

（7）帮助涂姓一方诉讼的生员蔡灿，也被高人杰褫夺生员身份，蔡灿意识到下一步就是被"锻炼"，于是"畏惧潜逃"。蒋嘉年以四份驳牌推翻高李版本一后，高人杰推出高李版本二，称汤应求收受蔡灿贿赂，将杨氏尸体掩饰为男性尸体。高人杰为了得到"适用"口供，严刑拷打李宪宗，李宪宗被迫配合，供称看见"蔡灿（在雍正九年五月）二十五日到尸场禀见，不知说些甚么话，汤令不验回去"。[167] 可见，在高人杰的严刑拷打之下，李宪宗被迫捏造口供，说汤应求在验尸现场碰见蔡灿，达成贿赂协议，因而不立刻验尸，而拖延两天。

（8）蒋嘉年奉命主持三次验尸，蕲州仵作高忠检验后，表示尸体确实是男性。高人杰又宣称尸体除头颅是原本头颅之外，其余骨殖已被盗换。上级委派黄冈县知县畅于熊、蕲水县知县汪歠审理。畅汪审讯之下，刘兆唐等供称：汤应求验尸当日，尸体"尚有臭味、血水、蛆虫"。畅汪参劾汤应求，指责他"玩视人命，添改报呈"，并建议把另一案件内的男性尸体头骨与赵家河沙滩尸体头颅进行比对，比对工作委托给黄陂县知县黄奭中。但是，"山水暴发，（赵家河沙滩）尸被冲去无存"。[168]

(9)杨氏案随即由咸宁县知县邹允焕、黄陂县知县黄奭中审理，蔡灿在毗邻湖北的安徽六安直隶州霍山县落网。在黄奭中的严刑拷打之下，涂如松承认杀害杨氏，抬埋尸体；蔡灿承认盗换尸体，向汤应求、李荣、李宪宗行贿；汤应求也承认受贿，篡改验尸报告等。[169]这就是邹黄版本，不赘。最后，雍正十三年七月二十四日，陈鼎发现杨氏，真相终于大白。

以上，金张二官叙述案情，指出各犯人、证人"俱各自认不讳"。金张二官随即量刑：杨同范拟比照"光棍"例，作为光棍首领，判处斩立决。杨五荣拟也比照"光棍"例，作为光棍同党，判处绞监候。[170]不过，有证据显示，杨同范获得缓决即暂停执行死刑，直到乾隆二十二年(1757)仍然在世[171]，详见本书第四章。

杨氏是被禁锢匿藏，身不由己，但与冯大有奸情，所以按照"和诱"例,"折枷号两月,满日,杖一百,折责四十板,给与伊夫,听其去留"[172]。高人杰未能察觉仵作薛必奇受贿,滥用肉刑,只算是轻罪,可免计较;他的重罪是主使盗换尸体,用死罪来诬陷蔡灿、李宪宗、汤应求、涂如松。按照"故入人罪"律,如果被诬陷者尚未被处决或尚未在监禁期间病死,则把被诬陷者的刑罚减一等,施诸诬陷者之身。以汤应求、涂如松被诬陷和判处绞监候计算,减一等,就变成"杖一百,流三千里,金妻至配所,折责四十板";但是,高人杰既是独子,又无子嗣,母亲年逾八旬,"例应留养",不必流放。[173]其余杨龙光、薛必奇、冯大、王廷亮、刘兆唐、杨维楫、杨廷占、卢三儿等,亦分别被判处刑罚。最后,以上十二名罪犯,"事犯在雍正十三年九月初三日恩诏以前,均应邀援免罪"。[174]同时援引恩诏获得赦免的,还有李作室、邹允焕、黄奭中这三名已经被证实在审讯杨氏案期间犯错的官员,以及赵碧山和赵当儿父子、杨圣祥(祚)、陈文母亲袁氏、涂如松母亲许氏、杨五荣妻子朱氏、杨同范妻子刘氏等。换言之，参与制造冤假错案的高人杰、李作室、邹允焕、黄奭中等官员，全部得到赦免。[175]

至于汤应求，虽无受贿、刑逼之罪行，但自行添改验尸报告的罪名仍然成立，"但原检身尸本有之衣被，遽自添入报呈文内，又不声明，亦属不合"，要由吏部决定如何处分；蔡灿并无包揽词讼、行贿、挖坟换尸之罪行，恢复其生员身份[176]；涂如松、陈文、李宪宗、李荣等均判无罪[177]，其余因畏惧刑讯而潜逃者不予追究，被牵连受审者一概释放。另外，黄冈县知县畅于熊审出实情，但已经病故，涉案之"刘存鲁、杨南友、杨有质、赵巨年、董通安、王免瑞、杨正士即杨琏、杨在佑，俱已病故，应毋庸议"[178]。

乾隆元年六月十八日，史贻直上奏题本，几乎一字不易地抄录金张二官的审判建议，但是，又发挥了《自警录》"前略后详式叙述"风格，补充了董通安的身份：原来他是杨同范"姻亲"。七月十七日，高宗下旨，命三法司"核拟"。⑰十二月四日，三法司完成覆核，由刑部提交报告，该报告同意金张版本的所有判决，唯独对于处分汤应求一事，认为虽罪名成立，但"事在雍正十三年九月初三日大赦以前，相应免议"。另外，上至迈柱、下至高人杰等审理杨氏案犯错的大小官员，也都援引恩诏赦免。三天后，即十二月七日，高宗下旨，批准刑部建议，但下令杨同范、杨五荣不可援引恩诏赦免，分别改判斩监候、绞监候。乾隆二年正月九日，刑部将以上决定正式知会湖广。⑱迁延接近七年的麻城县大案，至此正式结案。这宗冤案，"狱成，立斩者一，局外之革生蔡灿也；绞候者三，李献（宪）宗、涂如松、参革知县应求也；流者一，麻城仵作李荣也；徒者三，松叔涂方木、证佐赵碧山、蔡仆万贵也；满杖重杖者男妇一十五人；刑死未入案者八人；累死者二十一人；罗织倾家者百余人；枭掘者六冢，蒸刮者三次"。虽然杨同范、杨五荣这两名祸首最终被判处死刑，但官场方面的罪魁高人杰、黄奭中及帮凶李作室等竟得到从轻发落，援引恩诏赦免，汤应求只能在序言内表达愤恨：高人杰、李作室、黄甗中等，"虽以赦前邀免，而公是公非，犹在人间"[18]。

据史家后见之明，从雍正十三年七月二十四日杨氏重现人间，到乾隆二年正月九日刑部宣布关于杨氏案的裁决，是为麻城杨氏案的第六阶段，为期接近十八个月。湖广总督迈柱、湖北巡抚吴应棻就平反杨氏案一事发生矛盾，高宗将二人调离湖广，改委户部尚书史贻直为湖广总督，杨氏案终于平反，真相终于大白：杨氏并非被涂如松杀害，而是被她哥哥杨五荣、堂哥杨同范藏匿，杨姓一方藏匿杨氏，又控告涂如松杀害杨氏、掩埋尸体；高人杰接受杨姓一方的指控，严刑"锻炼"各犯，更出于私心，先盗换尸体，后毁灭尸体；黄甗中也同样严刑"锻炼"各犯，务求坐实杨姓一方的指控。所幸对于汤应求、蔡灿、涂姓一方等遭到刑讯和诬陷的人而言，杨氏终于被发现，冤狱终于平反。套用今语，可谓正义

虽迟到但总算来到；套用古语，可谓天网恢恢，疏而
不漏。

小　结

　　麻城杨氏案，从雍正八年(1730)正月二十四日晚杨
氏出走，到乾隆二年(1737)正月九日刑部发出关于杨氏
案的裁决，历时近七年。这宗冤案牵连多人，轰动后
世。其基本真相似无疑义：杨氏与婆婆和丈夫争执，离
家出走，为冯大所藏匿，后由哥哥杨五荣、堂哥杨同范
藏匿。杨姓一方藏匿杨氏，诬陷涂如松杀害杨氏、掩埋
尸体，汤应求受贿掩饰。高人杰支持这个版本，严刑
"锻炼"各嫌疑人和证人，逼迫他们作假口供、造假物
证：陈文母亲被迫从自己已故长子尸体截下脚骨，冒充
杨氏脚骨；涂如松母亲被迫剪下自己头发冒充杨氏头
发；李宪宗妻子被迫伪造血布冒充杨氏衣服。后来，在
黄奭中严刑"锻炼"下，蔡灿也被迫承认自己行贿汤应求

和盗换尸体，还被迫挖出韩择吉尸体作为物证，来坐实黄奭中版本；汤应求也被迫承认自己收受蔡灿贿赂，协助涂姓改易杨氏尸体。后来，陈鼎抓获杨氏，这宗冤假错案终于平反。

笔者说以上是"基本"真相，意味着并非"全部"真相。要恢复麻城杨氏案的全部真相，恐怕是奢望，但是，史家不必要求自己恢复全部真相，读者也不应要求史家恢复全部真相。[18]只是，至少，史家与读者都能看出该案依然存在一大疑团，这疑团就是卢斋公、董脩五、董通安这一奇特线索。

虽然汤应求在本案中饱受诬陷、迫害，但这并不意味着他行事完全光明磊落。查卢斋公死于雍正九年四月某日，其掩埋于赵家河沙滩的尸体"出土"于五月二十三日。[18]汤应求五月二十四日收到报告，二十五日前往验尸但被风雨阻挡而作罢，二十六日调查另一宗命案，直至二十七日才到达赵家河沙滩验尸。笔者已经指出，汤应求验尸时间延缓得异乎寻常，不符合清朝州县衙门审理命案的常态。高人杰又指出，根据晴雨报表记录，二十五日并未下雨。⑱也许清朝州县衙门的晴雨报表制度虚有其表，然而，卢斋公尸体虽被掩埋于潮湿的赵家河沙滩，又时当初夏，但仅仅掩埋不足两个月，真会腐烂到"周身并无皮肉"⑱的地步？卢斋公身上的衣服，难道也在不足两个月内就完全腐烂到不辨男衣女衣的状态？当然不会！刘兆唐等当地保长能够说出卢斋公的名字，证明他们或是凭尸体容貌认出，或是早已知道卢斋公死于四月间并被掩埋于赵家河沙滩。可见，汤应求引述刘兆唐等之语称尸体"周身并无皮肉"，应该是不可信的。这意味着从一开始就有人想掩饰尸体是卢斋公这个事实，这人是谁？就是董脩五。汤应求可能从一开始就与董脩五合谋掩饰，至于汤应求究竟是被董脩五胁迫还是被董脩五收买，则不得而知。

如果说，调查案件期间，凡有疑点，则被告得益的话（"疑点利益归于被告"，The benefit of the doubt goes to the defendant），那么这里还存在一个不大不小的可能性：汤应求虽亲临赵家河沙滩现场，但没有亲眼看过赵家河沙滩尸体，全凭仵作李荣"喝报"、保正和里甲"具结"，就签名画押交给上级。这样看来，汤应求并没有被董脩五收买，而是从一开始就蒙在鼓里。

但是，无论如何，汤应求最迟在雍正九年八月，即尸体曝光后三个月内，就掌握了尸体是卢斋公这一重要信息。[18]为何一直没有跟进？后来高人杰指控汤应求受贿，伪装杨氏尸体为男性，则尸体是卢斋公这一信息，理应能够帮助汤应求自辩和反驳，为何汤应求一直不提，而是直到畅汪二令接手审理该案，雍正十一年二月二十七日回复畅汪二令时，才披露之？当然，三个月后，汤应求于雍正十一年五月二十五日被湖北巡抚德龄会同湖广总督迈柱参劾后，成为阶下之囚，受黄焜中"锻炼"，则有口难言、百口莫辩了。

更奇怪的是，乾隆元年三月二十日金虞、张镇审出的杨氏案的"定本"中，又暴露更多细节：汤应求打探到尸体是董脩五的仆人卢斋公后，杨同范贿赂保正刘兆唐等，请他们掩饰真相，假称卢斋公是董通安而非董脩五的仆人，杨同范又贿赂董通安，请董通安冒用邻居王国瑞的名义，否认卢斋公是董脩五的仆人："（刘兆唐）受同范嘱托，祖供卢斋公之主系董通安，并捏邻人王国瑞各（名）具结不认。"[187]所谓"具结不认"，"具结"容易解释，就是写保证书之意，"不认"就是否认，但否认什么呢？否认卢斋公是董脩五仆人？即使如此，否认卢斋公是董脩五仆人，假称卢斋公是董通安仆人，难道不同样足以动摇尸体是女性的说法？金张版本还说，"董脩五虽系卢斋公之家主，久已开户，并未捏结，讯不知情"[188]，而董通安又已病故。即使如此，破绽依然。到了乾隆元年六月十八日史贻直题本，又补充了董通安的身份，并"完善"了逻辑、弥补了破绽：原来董通安是杨同范姻亲，"杨同范恐事败露，又嘱伊姻亲董通安等捏邻人王国瑞之名，具结不认"[189]。杨同范动员姻亲董通安，冒用邻居王国瑞名义，写保证书，否认尸体是董脩五仆人，维持尸体是女性、是杨氏的假象。

不论卢斋公是董脩五还是董通安的仆人，不论董通安是否为杨同范姻亲，至少汤应求已经打探到尸体是卢斋公这一重大线索，他真的就如此儿戏地被董通安冒充王国瑞名义的一纸保证书蒙骗过去？为何汤应求以"挤牙膏"方式力图证明尸体是男性，却偏偏不"挤"出卢斋公这一重大线索？等到汤应求终于披露卢斋公这一重大线索之后，为何各级官员都视若无睹？这宗历时近七年的冤案，为何董脩五就完全闪避在外？

正如罗新教授最近指出，史家除了批判和怀疑之外，还必须发挥想象力。[19]笔者如今也必须发挥想象力，推测如下：董脩五作为举人，是麻城县当地势要。所谓卢斋公是董脩五"久已开户"的仆人云云，应该是欲盖弥彰，仆人是实，"久已开户"是虚。董脩五可能虐待卢斋公致死，暗中掩埋，这就解释了为何宣称卢斋公死于意外，而侄儿卢三儿因为贫穷，不备棺材埋葬卢斋公，也不报官，还要宣称"久已开户"以洗脱董脩五、卢斋公之间的主仆关系。后来杨姓一方指此尸体就是杨氏，董脩五害怕揭露真相，力图掩饰，有可能收买或胁迫汤应求和杨同范，以致汤应求检验尸体的时间和过程如此迂回缓慢，又迟迟不披露尸体是卢斋公这一发现。对于杨同范而言，维持尸体是杨氏的假象，是这场官司制胜的关键，所以要动员自己的姻亲董通安来掩护董脩五。后来陷害汤应求的各级官员，必须坚持尸体是杨氏，当然更加乐于忽视卢斋公这一线索。

笔者这一番想象和推测，应该比时髦词汇所谓"脑补"更尊重史料和逻辑。麻城杨氏案的金张版本关于卢斋公、董脩五、董通安的漏洞，也许别有乾坤，麻城杨氏案，案中有案，可能暗藏着主人董脩五杀害仆人卢斋公的命案。

以上，笔者根据《自警录》重构了麻城杨氏案的经过。下一章，笔者将交代汤应求的生平，分析雍正年间湖广高层政治，算是对麻城杨氏案的背景补充。

注　释

①　2016 年 9 月至 12 月，我执教香港中文大学文学院共同必修课程"HIST1000A 通古今之变"，助教为黄雅雯女士，修读同学凡 99 人，其中半数为历史系主修生。我为该课程学期论文布置的题目，就是《汤应求〈自警录〉之研究》；该课程之导修安排，是要求每位同学事先将《自警录》两页即大概 420 字打成电子文档，然后在导修课上标注句读并朗读。课程结束之后，我和黄雅雯女士把《自警录》其余文字打成电子文档，统一标点符号，改正错漏字，为每份文件编号，最终形成本课程的教学成果之一——《自警录》电子文本，上传于香港中文大学历史系网站，网址为 https://www.history.cuhk.edu.hk/tc/elkt/zijinglu/。感谢本课程各位同学的参与，恕不一一开列其姓名；感谢助教黄雅雯女士的协调、打字、校对之功；感谢"中国的法制空间"（Legalizing Space in China）网站（http://lsc.chineselegalculture.org/Documents/E-Library?ID=420）提供《自警录》PDF 版；感谢华东政法大学史志强博士慷慨协助，从北京大学图书馆所藏《自警录》中誊抄释文，补回"中国的法制空间"网站《自警录》PDF 版阙漏部分；感谢香港中文大学历史系提供电子平台上传此《自警录》电子文本。标点注释所有错误，均为笔者责任。

②　参见《自警录》文件 01，卷一，1b 页。亦参见拙作《18 世纪湖北麻城案之研究》，载《田野与文献：华南研究资料中心通讯》，2019(95)，1～12 页。

③　《自警录》文件 04，卷一，5a 页；文件 01，卷一，1b～2a 页；文件 17，卷一，23a 页。称谓带有鲜明的价值判断，是明清时期司法文献的通例，这里引用的是汤应求初审报告，在汤应求笔下，杨同范等生员教唆词讼，收买证人，当然是"劣衿"，他们的同党自然也不是好人。

④　(清)英祖修，(清)邓琛纂：《黄州府志》卷十一，67 页，总 425 页，台北，成文出版社，1976，据光绪十年刊本影印。以下该书称《光绪黄州府志》。

⑤　《自警录》文件 04，卷一，5a 页；文件 01，卷一，2a 页。

⑥ 《自警录》文件04，卷一，5a～5b页。涂如松于雍正八年八月五日到湖北按察司衙门越诉，见文件09，卷一，10a页。

⑦ 《自警录》文件01，卷一，2b页。

⑧ 《自警录》文件01，卷一，2a页。

⑨ 汤应求的三点推理是：第一，涂如松家"比邻数十户"，藏匿杨氏尸体之举，难道不会被邻居发现？第二，涂如松在杨氏失踪当晚，先在邻居家寻访，又在友人陪同下到杨家寻访，哪有时间藏匿杨氏尸体？第三，涂如松母亲许氏丧夫多年，只有涂如松一个儿子，必然爱惜杨氏这位媳妇，即使涂如松失控行凶，许氏怎会坐视不救杨氏？见《自警录》文件01，卷一，2a页。笔者认为，汤应求这三点推理并不能充分论证涂如松没有杀害杨氏。

⑩ 《自警录》文件01，卷一，1b、3a页。王廷亮是杨氏前家翁，王家位于杨家、涂家之间，杨氏回娘家探亲时，经常借宿王家。因此，杨氏失踪，王廷亮也被责成寻找。

⑪ 《自警录》文件01，卷一，1b、3a～3b页。康某全名康忱，山西保德州兴县人，康熙五十七年(1718)进士，雍正五年(1727)为其宦途重要一年，是年二月补授吏部文选司主事，五月升吏部验封司员外郎，十一月签掣兵部武库司郎中，十一月拣选道府，获引见，补授黄州府知府，还获得清世宗相当不错的评语"人着实明白，老成谨慎人，将来可成器之才，像貌：小胖子，小胡子，似有良心人"，且评级为"上中"。见秦国经主编：《中国第一历史档案馆藏清代官员履历档案全编》第1册，38、41页，第14册，483～484页，上海，华东师范大学出版社，1997。康忱任职黄州府知府的时间是雍正六年至十年，见《光绪黄州府志》卷十一，19a页，总401页，台北，成文出版社，1976。

⑫ 《自警录》文件02，卷一，3b～4a页。

⑬ 《自警录》文件03，卷一，4b～5a页。

⑭ 《自警录》文件03，原书按语，卷一，5a页；文件04，卷一，5a～6b页。高某并没有解释注销案件的理由，但雍正九年四月二十六日黄州府的报告提及"前蒙照例农忙注销"，见文件05，卷一，6a页。这位署理湖北按察使

高某，在《自警录》原文中称"署臬司荆南道高"，就是高起，雍正五年任"分巡上荆南道"，该道衙署设于荆州府。见杨承禧等纂，张仲炘等修：《湖北通志》卷一百十五，总2768、2756页，上海，商务印书馆，1934，据宣统三年修、1921年增刊本影印。以下该书称《民国湖北通志》。

⑮《自警录》文件06，卷一，6b~7a页；文件07，卷一，7b页。

⑯例如，据徽州府婺源县庆源村生员詹元相的日记，康熙四十二年（1703）十一月十八日，他侄儿詹彦章与一位何姓仆人伐木，何姓仆人被倒下的树木压死，何姓族人到县城报案，指控詹彦章谋杀。知县当天就来到现场验尸调查，翌日上午返回县城。见（清）詹元相：《畏斋日记》，收入中国社会科学院历史研究所清史研究室编：《清史资料（第四辑）》，250~251页，北京，中华书局，1983。

⑰《自警录》文件06，原书按语，卷一，7a页。

⑱《自警录》文件07，卷一，7a~8b页。湖广总督的批示原文："验明是男是女，有无伤痕，填具图结通报。仍照例查明雌盗确情，依限详覆。"又，文件07只提及作为麻城县上级之一的"道"，没有具体职衔。据《光绪黄州府志》，黄州府属分巡汉（阳）黄（州府）德（安府）道管辖，见卷十一，14a页，总398页，台北，成文出版社，1976。

⑲《自警录》文件08，卷一，8b页。杨五荣的状词，只短短169字，被冠以"借尸上控"这一负面意味十足的标题，显然是汤应求的"春秋笔法"。

⑳《自警录》文件08，卷一，9a~9b页。

㉑所谓"滴骨之法"，在宋慈《洗冤录》原文称"检滴骨亲法"：甲逝世但骸骨仍在，乙自称是甲儿子或女儿，则从乙身上取一两滴血，滴在甲骸骨上，如果乙真是甲亲生，血会"沁入骨内"。见（宋）宋慈著，贾静涛点校：《洗冤集录》卷三《论沿身骨脉及要害去处》，37页，上海，上海科学技术出版社，1981。姑勿论其科学依据如何，反正十八世纪清朝有不少官员信任之。严格根据宋慈的指引，须找到杨氏亲生儿女，由于杨氏在两段婚姻中均无所出，康忱认为仍然可以变通行事：从杨氏亲生母亲身上取血，滴入赵家河沙滩尸体骸骨上，如果血液沁入骸骨，则再令涂如松滴血骨上，以

便验证该尸体是否杨氏。汤应求也同意，而且举出《洗冤录汇编》注释内有关"合血之法"的记载作为辅助证据，父母、子女、夫妻这三类人，取各人血滴入水中，其血会合而为一。但是，埋藏在赵家河沙滩的尸体可否取血，这样的血是否符合"合血之法"的定义，并不见汤应求说明，但汤应求"类而推之"，认为取杨氏亲生母亲朱氏的血，滴在赵家河沙滩尸体上，也应该可以验证该尸体是否杨氏。见《自警录》文件 08，卷一，9a～9b 页；文件 09，卷一，11a 页；文件 10，卷一，13a～13b 页；文件 11，卷一，14a～14b 页。不过，这一"类而推之"的变通"滴骨之法"，最终被湖北巡抚否决。据新任麻城县知县李作室雍正九年十月二十二日的公文："又奉抚部院批……至称令朱氏刺血滴骨等语，查滴血之说未可凭信。《洗冤录》所载甚明：父母于子，夫于妻，其滴血也不验。且使滴血之法并备载，若凭此而定爰书，诚恐反滋疑窦。"见《自警录》文件 14，卷一，18a 页。

㉒ 《自警录》文件 09，卷一，11b～12a 页。文件 24 亦云："详革杨生衣顶，实在八月初九日。"见卷一，39a 页。

㉓ 《自警录》文件 09，卷一，11a 页。

㉔ 《自警录》文件 10，卷一，12a～13b 页。康忱这份报告未署日期，但根据其在《自警录》的编次和内容来看，肯定是在八月九日汤应求报告之后。

㉕ 《自警录》文件 10，卷一，13b 页。

㉖ 《自警录》文件 11，卷一，13b～15b 页。"两脚掌被犬衔去"一句，见 14b 页。凡遇命案，委派其他官员会同审讯，是清朝慎重刑狱，让官员互相监督制衡的通例。例如，乾隆四十一年(1776)，广州府新安县发生主佃冲突，一人死亡，此案发生在新安县，自然由新安县衙门审讯，但广州府又委派顺德县知县审讯。参见位于香港元朗旧墟大王古庙之乾隆五十一年(1786)《奉列宪定行章程悉以仓斗交租告示勒石永远遵守碑》，见科大卫、陆鸿基、吴伦霓霞等编：《香港碑铭汇编》第 1 册，48 页，香港，市政局，1986。有关该仓斗案之研究，参见拙作《清代法律中的"不应为"律与雍正五年"奸顽佃户"例》，载《中国文化研究所学报》，2001(10)，111～150 页。

㉗ 《自警录》文件 12，卷一，15b～16a 页。

㉘ 《自警录》文件 13，卷一，16a～17b 页。这份报告未署日期，但根据其在《自警录》的编次和内容来看，应该是在雍正九年九月二十八日湖北按察使下令委派高人杰会同验尸之后。

㉙ 张哲嘉：《中国传统法医学的知识性格与操作脉络》，载《"中央研究院"近代史研究所集刊》，2004(44)，1～30 页。他指出，仵作是贱役，其专业知识、社会地位、官僚位阶难以和官员抗衡，仵作在官员授意或威胁下改易验尸报告，甚至官员完全绕过仵作，假仵作之名凭空捏造验尸报告，是司空见惯之事。见该文 15～16 页。

㉚ 《自警录》文件 14，卷一，17b～18b 页。

㉛ 《自警录》文件 15，卷一，18b～19a 页。

㉜ 《自警录》文件 15，原书按语，卷一，19a 页。

㉝ 《自警录》文件 15，原书按语，卷一，19a 页。"擅自"显然是汤应求的"春秋笔法"。

㉞ 《自警录》文件 16，卷一，19a～22a 页。该通详未署日期，但高李二令在雍正十年八月八日的通详中，说自己"于本年三月内，录供通报在案"。见《自警录》文件 22，卷一，35a 页。

㉟ 《自警录》文件 17，卷一，22a～29b 页。该文件标题是"雍正十年七月高李二令拟涂如松等解府招详"，由此可知涂如松等在此时被麻城县衙门解送到黄州府衙门。

㊱ 《自警录》文件 16，卷一，19b 页；文件 17，卷一，22b 页。

㊲ 《自警录》文件 16，卷一，19b 页；文件 17，卷一，22b、23a、24b 页。文件 17 提及帮忙抬埋尸体四人姓名(蔡秉乾、蔡三、蔡五、李四)、邻居三人姓名(戴九思、涂大美、涂新)，以及前两次掩埋地点(门首三升田菜园内、江家凹破窑内)，文件 16 则这些人名地名俱欠奉。

㊳ 《自警录》文件 16，卷一，19b 页；文件 17，卷一，23a～23b 页。关于赵当儿向杨家告密一事，文件 16 只说赵当儿告密，没有说赵当儿因索贿不成而告密，涂如松先发制人而告状。

㊴ 《自警录》文件 16，卷一，20a～20b 页；文件 17，卷一，23b～24a 页。留意，根据文件 16，涂如松一度供认是自己母亲许氏打死杨氏，见 20a 页。另外，也要留意，汤应求和涂如松都说涂如松是在杨思溥刑逼之下，诬认自己杀死杨氏。见《自警录》文件 01，卷一，2a 页；文件 04，卷一，5a 页。

㊵ 《自警录》文件 17，卷一，24b 页。文件 16 的描述，内容相同但比较简略："如松……贿刑书李宪宗、捕役陈文……将尸身头发脚掌以及当场被伤血布，私行埋藏，换以男衣。"见卷一，20b 页。

㊶ 《自警录》文件 16，卷一，20b～21a 页；文件 17，卷一，24b～25b 页。留意，文件 16 只提及涂姓"三次抬埋"杨氏尸体，没有像文件 17 那样提及具体的头两次抬埋日期和地点。

㊷ 《自警录》文件 17，卷一，25b 页。

㊸ 为何"捏藏"二字大有玄机？"藏"，指李宪宗、陈文埋藏杨氏血布、头发和脚骨，曰"藏"、曰"埋藏"、曰"收藏"、曰"掩藏"可也，但舍此不用而曰"捏藏"，何也？"捏"是捏造、假造之意，血布、头发和脚骨不是杨氏尸体原物吗？何必捏造、假造？原来，后出的高李版本二说，杨氏尸体原本的血布、头发、脚掌，早被李宪宗和陈文丢弃水中，所谓李宪宗取走埋藏的杨氏血布，是李宪宗捏造；所谓陈文截走埋藏的杨氏头发和脚掌，头发其实是涂如松母亲的头发，脚掌其实是陈文已故兄长的脚掌，是陈文母亲从这位已故儿子的棺材中截出。以便尸体曝光后，用这伪造的血布、伪造的头发和脚骨来证明：涂如松杀害杨氏，毁灭尸体是杨氏的真实物证，捏造尸体是男性的虚假物证。见《自警录》文件 22，卷一，35b 页，也参见本章第四节分析。看到《自警录》文件 22，才会明白文件 17 的"捏藏"二字，就是"捏造物证然后埋藏"之意。但是，如果上述分析成立，为何高李版本一的两份通详明言血布、头发、脚骨都是杨氏尸体原物，而仅在第二份通详内用"捏藏"两字暗示血布、头发、脚骨并非杨氏尸体原物？也许是笔者想多了？

㊹ 《自警录》文件 16，卷一，21a～21b 页；文件 17，卷一，25b～29b 页。对于涂如松，高李指出，律例有"留养""留祀"之条款，容许以照顾犯

人双亲或为延续犯人家族血脉为由，不判处犯人死刑。涂如松是家中独子，未有子嗣，符合"留祀"之条件，涂如松母亲许氏虽年未七十，不符合犯人"留养"之条件，但是守寡三十多年，值得同情，因而建议"援照留祀之例"，饶涂如松一命。见文件 17，卷一，29a～29b 页。

㊺ 《自警录》文件 17，卷一，25a 页。

㊻ 《自警录》文件 17，卷一，28b 页。

㊼ 《自警录》文件 17，卷一，25b～26a 页。文件 16 描述更简略，全不提证据："蒙详委卑职高人杰赴麻检验，委系女尸，填具格结，通报在案。"见卷一，20b～21a 页。

㊽ 《自警录》文件 31，卷二，19b～20a 页。

㊾ (宋)宋慈著，贾静涛点校：《洗冤集录》卷三《验骨》，34～35 页，上海，上海科学技术出版社，1981。

㊿ 第一份通详未署日期，高李二令在雍正十年八月八日的通详中，说自己"于本年三月内，录供通报在案"，见《自警录》文件 22，卷一，35a 页。由此推论，构成高李版本一的第一份通详，递交于雍正十年三月。第二份通详有日期"雍正十年七月"，见《自警录》文件 17，卷一，22a 页。该文件标题是"雍正十年七月高李二令拟涂如松等解府招详"，由此可知涂如松等在此时被麻城县衙门解送到黄州府衙门。

51 《自警录》文件 18，卷一，29b 页。蒋嘉年官衔为"护理黄州府事、蕲州知州"，自称"本护府"。

52 《自警录》文件 20，卷一，33b～34a 页。

53 《自警录》文件 18，卷一，29b 页；文件 19，卷一，31b 页；文件 20，卷一，32a 页。

54 《自警录》文件 20，卷一，33a～33b 页。

55 《自警录》文件 18，卷一，29b 页。

56 《自警录》文件 20，卷一，32b～33a 页。据高李二令版本一，蔡秉乾收受涂姓稻谷一斗五升、钱七十文；蔡三收受涂姓稻谷二斗、钱七十文。见文件 17，卷一，27b 页。

㊗ 《自警录》文件 18，卷一，29b～30a 页。

㊘ 《自警录》文件 21，卷一，34a 页。

㊙ 《自警录》文件 18，卷一，30a～30b 页。

⑥ 《自警录》文件 19，卷一，30b 页。

㊀ 《自警录》文件 21，卷一，34a 页。

㊁ 《自警录》文件 19，卷一，31a、31b～32a 页。

㊂ 《自警录》文件 21，卷一，34a 页。

㊃ 《自警录》文件 22，卷一，35a 页。

㊄ 《自警录》文件 22，卷一，35a 页。

㊅ 《自警录》文件 22，卷一，35b 页。

㊆ 《自警录》文件 17，卷一，25a、28b 页。

㊇ 《自警录》文件 22，卷一，35b～36a 页。

㊈ 《自警录》文件 22，卷一，36a～36b 页。

⑦ 《自警录》文件 22，卷一，36b～37a 页；文件 23，卷一，37b 页。

㊀ 《自警录》文件 24，卷一，39b 页。

㊁ 《自警录》文件 24，卷一，38b 页。

㊂ 《自警录》文件 24，卷一，39a 页。

㊃ 《自警录》文件 25，卷一，41a～41b 页。同样，唐继祖引述李宪宗、陈文口供，反而比早前各文件更为详尽，这也是《自警录》"前略后详式叙述"之一征欤。

㊄ 《自警录》文件 25，卷一，41b 页。

㊅ 《自警录》文件 25，卷一，41b 页。

㊆ 《自警录》文件 26，卷二，1b、2b 页。

㊇ 雍正十年有闰五月，因此，从雍正十年正月二十四到八月二十四日，合共八个月而非七个月。

㊈ 《自警录》文件 26，卷二，1b、2b 页。

⑧ 《自警录》文件 27，卷二，3a～7a 页；文件 28，卷二，7a～9a 页。文件 27 的上款不详，但文件 27 叙述蒋嘉年四次审案情形，结尾曰："理合

陈明此案疑窦，并护府审过卑职实无主使改换情由，备缮禀折，粘连府审亲供，伏乞宪台俯赐查核。"文件28标题有"再呈抚司"四字。以上俱见卷二，7a页。由此可知，文件27的"宪台"就是文件28的"抚司"，两份文件都是上呈湖北按察使和湖北巡抚衙门。

㉛　《自警录》文件27，卷二，4a页；参见文件03，原书按语，卷一，5a页。

㉜　《自警录》文件27，卷二，5b页。

㉝　《自警录》文件28，卷二，8b页。

㉞　《自警录》文件27，卷二，5b～6a页，留意："中国的法制空间"网站的《自警录》PDF文件，遗漏卷二6b～7a页，以致文件27后面和文件28前面大约四百字佚失。2016年秋至2017年春，笔者研究《自警录》时，幸得东京大学大学院法学部博士生史志强先生慷慨协助，从北京大学图书馆藏的《自警录》中誊抄出这两页佚文，补成全璧，特此鸣谢。史志强目前任职华东政法大学。又，雍正十年九月十八日的覆审，是在"一字门外关帝庙"，似乎有援引神明威灵、寻求真相之意。见《自警录》文件30，卷二，14b页。

㉟　《自警录》文件27，卷二，6b页。

㊱　《自警录》文件27，卷二，6b页。

㊲　《自警录》文件28，卷二，8a页。

㊳　《自警录》文件28，卷二，7a页。"另案归结"是文件28标题内的文字。

㊴　《自警录》文件29，卷二，9a～9b页。

㊵　《自警录》文件29，卷二，10a页。

㊶　《自警录》文件29，卷二，9b页。

㊷　《自警录》文件29，卷二，10b页。

㊸　蒋嘉年还说，陈文供称在高李严刑威逼下，被迫开启已故兄长的坟墓，截断其脚骨，冒充为赵家河沙滩尸体的脚骨。因此，也要检验这截脚骨。见《自警录》文件29，卷二，10a～10b页："(蒋嘉年)穷究再三，(各

犯)茹刑不承。是各犯既无自认口供，断难遽定爰书。且非覆委确检，亦难折服其心。……况各犯坚称男尸，自非覆检，难以定案。相应录供，详请另委附近蕲水县关调谙练仵作，将赵家河沙洲尸棺再行确检，并将陈文已故兄尸，亦行开棺验视，将现起脚骨比对是否伊兄脚骨。如果检系男尸，则是广麻二县检审舛错，自应另行参处。如系女尸，则当日男衣夹被明系妆点，其为杨氏尸骸无疑，即将涂如松等严审，分别定拟招解，庶犯无枉纵而案成信谳。"

㉞ 见《自警录》文件 29，卷二，11b～12a 页；文件 31，卷二，16a 页。李天祥于雍正十年接任黄州府知府，直至乾隆元年王绎曾接任，见《光绪黄州府志》卷十一，19a～19b 页，总 401 页，台北，成文出版社，1976。他上任的时间，应该就是雍正十年十月。汤应求随即向李天祥呈递报告，交代案件原委，重申自己无辜而被高李二令陷害。同时，汤应求还写《明神词》，呈递城隍，宣告自己清白，诅咒高李。见《自警录》文件 30，卷二，12a～15b 页。该文题为"明神"，可能是受李商隐著名七绝《明神》的启发。

㉟ 据蒋嘉年报告，他在十月十一日收到湖北按察使有关会同验尸的命令后，立刻知会高李二令，并向蕲水县、江夏县借调仵作，十四日从蕲州启程，但十五日至十七日连续三天刮大风，水路阻滞，至十八日才经水路从黄州府城到达团风镇，然后走陆路，二十日抵达麻城县。蕲水县仵作高忠已奉命抵达麻城县，广济县知县高人杰也带同黄冈县仵作薛必奇抵达麻城县。但江夏县衙门照会，说两名仵作，一坐牢候审，一工作繁重，两人都不能遣道。因此实际上只有高忠、薛必奇两名仵作进行验尸。见《自警录》文件 31，卷二，17a 页。蒋嘉年建议检验陈文兄长尸体，见《自警录》文件 29，卷二，10a～10b 页。

㊱ 《自警录》文件 31，卷二，17a～17b 页。

㊲ 《自警录》文件 07，卷一，8a 页；文件 15，原书按语，卷一，19a 页。

㊳ 《自警录》文件 31，卷二，18a～19a 页。有关髑髅骨、尾蛆骨的描述，分别见 18b、19a 页。"白果镇"，原文如此，为"白杲镇"之误。

㊴ 《自警录》文件 31，卷二，19a 页。

⑩　《自警录》文件 31，卷二，22b 页。

⑩　《自警录》文件 31，卷二，22b～23a 页。

⑩　《自警录》文件 31，卷二，23b 页。

⑩　《自警录》文件 31，卷二，19b 页。"前庙大殿"可能是指玉皇阁庙，见《自警录》文件 51，卷三，19b 页。

⑩　《自警录》文件 31，卷二，23b 页。

⑩　《自警录》文件 31，卷二，24a 页。按：黄州府知府一职已于雍正十年十月由李天祥担任，见文件 29，卷二，10a 页。

⑩　《自警录》文件 32，卷二，24b～25a 页。

⑩　《自警录》文件 33，卷二，26b、27a、27b 页；湖北按察使也转达了巡抚命令，见文件 34，卷二，28a 页。

⑩　《自警录》文件 35，卷二，28b～30a 页；文件 36，卷二，30b～32b 页。这两份文件未署日期，但排在《自警录》文件 38 即雍正十年十一月二十五日湖北巡抚上奏题本之前，由此推断是在此日之前。

⑩　《自警录》文件 35，卷二，28b 页。据汤应求称，五月二十五日，他"带同吏仵亲诣相验"，但被"狂风大雨"阻挡，见文件 06，原书按语，卷一，7a 页。

⑩　《自警录》文件 36，卷二，31b 页。

⑪　《自警录》文件 36，卷二，31a 页；(宋)宋慈著，贾静涛点校：《洗冤集录》卷三《验骨》，34～35 页，上海，上海科学技术出版社，1981。

⑫　《自警录》文件 37，卷二，35a～35b 页。汤应求指出，赵家河沙滩尸体头颅合共九片，即使撇除眼骨两片，仍有七片，仍然不符合《洗冤录》有关女性头骨六片的定义，可见是男性无疑。

⑬　《自警录》文件 37，原书按语，卷二，36a 页。湖北按察使显然是奉命行事，因为湖北巡抚王某于十一月二十五日上奏题本，参劾高李在第二次限期内未能结案，但指出该案案情复杂，建议根据审案条例，另行委派官员审理此案，见《自警录》文件 38，卷二，36a～39a 页。雍正十一年三月十一日吏部议覆，高人杰、李作室革职留任，再限期四个月审案，见

《自警录》文件 40，卷二，43a 页。吏部这个决定与湖北按察使另行委派畅于熊、汪歆审案的决定如何协调，并不清楚，但由畅汪二令审案，则是事实。上述湖北巡抚王某全名是王士俊，雍正十一年起，由德龄接替，湖北按察使唐继祖也于是年由王柔接替，见《民国湖北通志》卷一百十五，总2769 页，上海，商务印书馆，1934。汤应求于雍正十一年二月十五日禀告德龄、王柔，重申自己正直清白，受高李陷害，见《自警录》文件 39，卷二，39a～42b 页。汤应求的这份禀文内容并无新意，还把第三次验尸日期即雍正十年十月二十二日误为二十三日，见 41b 页。

⑭　汤应求随即强调，这样做是想诱导刘兆唐供出实情，其实并没有给刘兆唐银子，见《自警录》文件 41，卷三，3a 页。汤应求没有说明他是何时得到尸体是卢斋公这一条线索，而文件 54 则说是雍正九年八月，见卷三，29a 页。

⑮　《自警录》文件 29，卷二，9b 页。

⑯　《自警录》文件 42，卷三，5a 页。高人杰仍不满意，认为畅汪二令暗中帮汤应求开脱，因为如果尸体有蛆虫、臭味、血水，就意味着大有可能是新近掩埋，而不大可能是雍正八年正月二十四日被杀、雍正九年五月二十三日被发现的杨氏，见文件 43，卷三，5b～8a 页。

⑰　"本月初一日"，见《自警录》文件 44，卷三，8b 页。所谓刘有三案，是指麻城县监生胡文模相信风水之说，"将刘有三尸棺偷葬护穴"，事发之后，"黄州府李天祥檄委冈邑畅令"即黄冈县知县畅于熊审理此案，畅于熊命刘有三儿子"滴血沁骨"，证实尸体就是刘有三。仵作高忠也供称："沙洲尸骸头颅与刘有三头骨无异。"见《自警录》文件 49，卷三，16b～17a 页。笔者由此推测，检验刘有三尸体的仵作就是高忠。

⑱　《自警录》文件 46，卷三，13a～13b 页。

⑲　《自警录》文件 47，卷三，14a 页。

⑳　《自警录》文件 48，卷三，15a、15b～16a 页。高人杰又透露自己和高忠之间的一些旧事：广济县发生刘尔生命案，高人杰作为知县，几次向蕲水县要求借调高忠来验尸，但"高忠辞不肯至"，高人杰就借调黄梅县

仵作师永大来验尸，见文件48，卷三，15b页。这样看来，也许高人杰与高忠不仅早就认识，而且可能早就不和。

(121) 《自警录》文件49，卷三，17a～17b页。其中的"陈时如"，是陈文已故兄长"陈四儿"的讹转。

(122) 《自警录》文件50，卷三，18a页。

(123) 《自警录》文件50，卷三，18b～19a页；文件51，原书按语，卷三，19b页。

(124) 虽然如此，李作室仍因"看守不慎"而被参劾，见《自警录》文件51，原书按语，卷三，19b～20a页。

(125) 《自警录》文件45，卷三，10a～12a页，引文见12a页。按：这份文件是德龄会同迈柱上奏的题本，日期是五月二十五日，如果根据真实时序排列，理应排在五月二十三日洪水暴发冲走尸棺的报告即文件50之后，可见文件45的编次与真实时序不符。文件45提及汤应求的科举学历和仕宦生涯，值得注意。

(126) 《自警录》文件53，卷三，24b～25a页。

(127) 《自警录》文件52，卷三，20a～24b页。畅汪二令这份案略未署日期，但从24a页"嗣因汤应求恃衔狡展不吐实情，业经揭蒙题参"一句可知，应该是提交于雍正十一年五月二十五日汤应求被湖广总督、湖北巡抚联名弹劾之后，清世宗八月二日圣旨批准之前。

(128) 《自警录》文件54，卷三，27a页。

(129) 《自警录》文件54，卷三，29a～29b页。"八折银六十两，实银四十八两"，见28b页。

(130) 《自警录》文件54，卷三，29b～30a页。

(131) 《自警录》文件54，卷三，30a～30b页。

(132) 《自警录》文件54，卷三，30b～31a页。

(133) 《自警录》文件54，卷三，31a页。

(134) 《自警录》文件54，卷三，32b、31b页。但署理湖北巡抚杨馝又说雍正十二年七月四日是"缉获蔡灿到案"的日期，见文件55，卷三，43b页。

"严行锻炼"四字，是汤应求在文件53后之按语，见卷三，25a页。蔡灿落网的具体地点是安徽六安直隶州霍山县，见文件69，卷四，22b页。

⑬　《自警录》文件54，卷三，33b页。

⑯　《自警录》文件54，卷三，34a～34b页。其余李荣、涂方木等亦分别受到惩处，详见文件54，卷三，34b～39b页，不赘。

⑰　《自警录》文件53，原书按语，卷三，25a～25b页。

⑱　《自警录》文件54，卷三，33b～34a页。

⑲　《自警录》文件54，卷三，28b页。

⑭　《自警录》文件55，卷三，41a页。文件55标题内的"署抚院杨必番"，为"杨秘"之误。

⑪　《自警录》文件55，卷三，44a页。

⑫　《自警录》文件55，卷三，44a页。

⑬　武昌与京师之距离，见《民国湖北通志》卷一，总24页，上海，商务印书馆，1934。公文驿递速度规定，见(清)托津等奉敕修：《钦定大清会典卷(嘉庆朝)》："凡驿递……公文限马上飞递者，日行三百里，其紧急公文，则标明四百里、五百里、六百里按限驰递。"卷三十九，27a页，收入沈云龙主编：《近代中国史料丛刊》三编第六十四辑636号，总1827页，台北，文海出版社，1991。

⑭　《自警录》文件58，卷四，4a、8b页。至于李荣等犯人之量刑增减，蒋嘉年等官员之处分调整，不赘。雍正十三年七月二十日刑部把处决蔡灿的命令从京师寄出，见文件64，卷四，15b页。

⑮　《自警录》文件56，卷四，1b页。陈鼎于雍正十三年乙卯至乾隆三年戊午任职麻城县知县，见《光绪黄州府志》卷十一，67a页，总425页，台北，成文出版社，1976。但是，陈鼎在《自警录》序言中却说自己"于雍正十二年选授湖北黄州府麻城县知县，四月抵任"。见《自警录》卷首，陈鼎序，5a页。似乎陈鼎自己的记录比较可靠。另外，关于陈鼎率人突击搜查杨五荣家的日期，陈鼎说是七月二十四日黎明，杨五荣则说是七月二十三日晚，见文件59，卷四，9a页。

⑭⑥ 《自警录》文件 56，卷四，1b～2a 页。

⑭⑦ 《自警录》文件 56，卷四，2a～2b 页。

⑭⑧ 《自警录》文件 57，卷四，3b 页。留意，陈鼎说是"床后仓套"，此处则作"床后仓圈"。

⑭⑨ 《自警录》文件 59，卷四，9a～9b 页。又，《自警录》文件 59 只提"臬司袁"，据《民国湖北通志》，这位湖北按察使全名袁承宪，见卷一百十五，总 2769 页，上海，商务印书馆，1934。

⑮⓪ 《清实录・世宗实录》卷五十八，942 页，北京，中华书局，1986，据伪满洲国国务院 1936 年本影印。赵尔巽等：《清史稿》卷九《世宗本纪》，340 页，北京，中华书局，1977，据关外二次本排印。

⑮① 赵尔巽等：《清史稿》卷九《世宗本纪》，340 页，北京，中华书局，1977。

⑮② 《自警录》文件 57，原书按语，卷四，4a 页。

⑮③ 《自警录》文件 66，卷四，16b～17a 页。雍正十三年八月八日刑部有关处决蔡灿的命令到达武昌城，见文件 58，卷四，4a 页。十月二十五日刑部知会吴应棻，见文件 64，卷四，15a～15b 页。十一月十九日刑部知会吴应棻，见文件 65，卷四，15b～16a 页。

⑮④ 《自警录》文件 55，卷三，44a 页；文件 58，卷四，4a 页。

⑮⑤ 《清实录・高宗实录》卷五，254 页，北京，中华书局，1986。该密折无日期，但收录于"雍正十三年十月"条目之内。

⑮⑥ 《自警录》文件 60，卷四，10a～11a 页；文件 61，卷四，11a～11b 页，吴应棻只是空泛谴责黄奭中，开列其"贪婪劣迹十三款"，并没有交代十三款的具体内容。可能《自警录》收录吴应棻两题本时有所删节。吴应棻随后又响应十月十九日、十一月七日的上谕，向湖北各属地方官发布命令，点名谴责高人杰、黄奭中这两位"湖北著名酷吏"，说他们已被革职查办，各下属必须"以仁心行仁政，视民身如己身。……不得酷法严刑，玩视民命"，否则他必将严厉惩处。见《自警录》文件 63，卷四，12b～15a 页。

⑮⑦ 《自警录》文件 62，卷四，12a～12b 页，其中，12a 页关于按察司

与州县衙门之间的司法文书答复限期的规定，值得留意："州县例得两月，屈指封印之期，尚非满限之日，尽可藉端挨延。开印后，复悖府有一月、司有二十日之限。"

⑱　《自警录》文件68，卷四，17b～18a页。

⑲　《自警录》文件68，原书按语，卷四，18a页。

⑯⓪　《自警录》文件69，卷四，20a页。

⑯①　《自警录》文件69，卷四，18b、19b页。

⑯②　《自警录》文件69，卷四，18b～19a页。

⑯③　《自警录》文件69，卷四，19b～20a页。

⑯④　《自警录》文件69，卷四，19a～19b页。

⑯⑤　《自警录》文件69，卷四，20a～20b页。按："五月二十二日"似为"五月二十三日"之误，但也可能是金张版本为合理化汤应求二十七日才到达现场验尸的缓慢速度而"修正"尸体被犬扒出的日期。

⑯⑥　《自警录》文件69，卷四，21a～21b页。按：薛必奇撰写虚假验尸报告后，向杨姓索取贿银，但只收到三两。

⑯⑦　《自警录》文件69，卷四，21b页。

⑯⑧　《自警录》文件69，卷四，21b～22a页。

⑯⑨　《自警录》文件69，卷四，22a～23a页。

⑰⓪　《自警录》文件69，卷四，24b～25a页。

⑰①　杨同范在乾隆十四年(1749)秋审中获判缓决："今年朝审秋审案内之……杨同范……已经降旨改入缓决。"见《清实录·高宗实录》卷三百五十二，861～862页，北京，中华书局，1986。如果怀疑是否同名同姓的话，则以下刑科题本可以释疑：乾隆二十二年《题为会审湖北省杨同范等缓决各犯乾隆二十二年秋审仍拟缓决请旨事》，中国第一历史档案馆藏刑科题本，电子档号02-01-007-016952-0007。可见杨同范至乾隆二十二年尚在人间。感谢中国人民大学清史研究所胡恒教授提供相关记载。

⑰②　《自警录》文件69，卷四，26a页。

⑰③　《自警录》文件69，卷四，25b页。

⑭ 《自警录》文件 69，卷四，25a～27a 页。

⑮ 《自警录》文件 69，卷四，27b～28a 页。按：28a 页中"杨圣祥"为"杨圣祚"之误。

⑯ 《自警录》文件 69，卷四，27a～27b 页。

⑰ 《自警录》文件 69，卷四，27b、28b 页。

⑱ 《自警录》文件 69，卷四，28b 页。

⑲ 《自警录》文件 70，卷四，29b～35b 页。董通安是杨同范姻亲，见31b 页。

⑳ 《自警录》文件 71，卷四，35b～41a 页。

㉑ 《自警录》卷首，汤应求乾隆元年序，14b、15b 页。按：14b 页中"李献宗"为"李宪宗"之误。

㉒ 套用柯文教授名句，只要读者不强史家之所难，不要求史家恢复全部真相，则历史学"就并非完全徒劳无功了"(all is not lost)。见 Paul H. Cohen, *History in Three Keys*：*The Boxers as Event*，*Experience*，*and Myth*，New York，Columbia University Press，1997，p. 12.

㉓ 《自警录》文件 69，卷四，20a 页。

㉔ 《自警录》文件 06，原书按语，卷一，7a 页；文件 35，卷二，28b 页。参见本章第二、第四节的分析。

㉕ 《自警录》文件 06，卷一，6b 页。

㉖ 《自警录》文件 41，卷三，3a 页；文件 54，卷三，29a 页。

㉗ 《自警录》文件 69，卷四，20b 页。按："各"为"名"之误，见文件70，卷四，31b～32a 页，"杨同范恐事败露，又嘱伊姻亲董通安等捏邻人王国瑞之名，具结不认"。

㉘ 《自警录》文件 69，卷四，28a 页。

㉙ 《自警录》文件 70，卷四，31b～32a 页。

㉚ 罗新：《历史学家的美德》，见《有所不为的反叛者：批判、怀疑与想象力》，1～5 页，上海，上海三联书店，2019。

麻城杨氏案背景补充

汤应求作为麻城杨氏案的要角之一，身心均受重创，但毕竟还是拥有科举功名的官员，不仅最终保住性命，获得平反，而且编纂和刊行《自警录》，争取到了历史话语权。虽然《自警录》的编纂与刊行有一段极为复杂的历史（详见本书第三章），但它毕竟还是熬过了历史的淘汰，得以保存至今。因此，笔者不仅能够凭借《自警录》重构麻城杨氏案的过程，还能够根据现存史料，整理出汤应求的生平，作为本章背景补充的第一部分。本章第二部分，则是补充说明雍正年间湖广高层政要如总督迈柱等人的资料，希望把麻城杨氏案放进比较具体的十八世纪政治脉络中。

一、汤应求生平

　　迄今为止，笔者尚未找到汤应求的家族资料，有关其生平的记载，主要来自地方志，《自警录》，雍正、乾隆两朝官员履历，清宫题本奏折等。嘉庆六年（1801）成书的《广西通志》[①]（以下该书称《嘉庆广西通志》）和嘉庆七年（1802）成书的《临桂县志》[②]（以下该书称《嘉庆临桂县志》），都保留了汤应求生平传记和他编纂《警心录》二卷的书目资料。注意：笔者没有写错，是《警心录》而非《自警录》，关于《自警录》与《警心录》的书名、卷数、版本问题，甚为复杂，笔者将在本书第三章中详细分析。另外，既然《嘉庆广西通志》《嘉庆临桂县志》分别成书于嘉庆六年、七年，那么讨论汤应求生平和著述，理应首先查看《嘉庆广西通志》。但是，从史源学的角度看，也就是说从这两本方志具体的编纂过程看，其实是《嘉庆临桂县志》成稿在先，《嘉庆广西通志》采用《嘉庆临桂县志》内容但出版在先，详见本书第三章之分析。兹先把汤应求传记的两版本以表格并列，以方便读者辨识其异同，见表2。

表2　汤应求传记两版本异同

《嘉庆临桂县志》	《嘉庆广西通志》
汤应求，字简臣，灵川人，**居临桂**，雍正五年，以举人简发湖北，分理水利事，即留楚，以知县用。庚戌冬，**暂摄麻城县事。**	汤应求，字简臣，灵川人，雍正五年，以举人简发湖北，分理水利事，即留楚，以知县用。庚戌冬，**权麻城县事，有治行。**
先是，邑民杨，有女弟再醮于涂。**新岁归宁还**，不逊于姑。**涂**责之，杨氏忿甚，乘夜归前夫家。	先是，邑民杨**某**，有女弟再醮于涂，不逊于姑。**夫责之**，杨氏忿甚，乘夜归前夫家。
涂寻之不获，遂与杨氏族互讼**之官**。一日殴**毙**，一日逃匿。令不能辨。	涂寻之不获，遂与杨氏族互讼。一日殴**死**，一日逃匿。令不能辨。
迨应求视事，**以两造无确证，案悬未结。杨氏从兄同范，庠生也。从中唆讼**，将以殴妻致死诬其婿。**应求恶之，请褫杨衣顶。至是，其女弟潜归同范家，同范**冀得肆意终讼，**乃**匿女弟夹室中，贿胥吏讦告无已，将以求必胜也。	迨应求视事，**杨有从兄同范者，邑生员也。主其事**，必以殴妻致死诬其婿。**应求以事无左验，且恶同范之健也，请褫衣顶。而同范益横，**冀得肆意终讼，匿女弟**于其家**夹室中，贿胥吏讦告无已，将以求必胜也。

续表

《嘉庆临桂县志》	《嘉庆广西通志》
六月，适有浮尸暴露河岸间，应求往验，**肤肉已朽，莫辨男女。**同范**恩**指为女弟尸，讵应求改捏衣发。上官委属覆检，检者率受杨贿，盗易女髑髅，验称女尸。**涂**坐殴妻罪，应死，**并诬**应求受贿匿奸，坐绞。决有日矣。	**适河干有暴尸，**应求往验，**已腐朽莫辨男女。**同范**因**指为女弟尸，讵应求改捏衣发。上官委属覆检，检者率受杨贿，盗易女髑髅，验称女尸。**应求抗论其伪，不少屈，不听。卒坐涂**殴妻罪，应死，**诬**应求受贿匿奸，坐绞。决有日矣。
同范侦无他患，乃潜移女弟**归**其兄五荣家。五荣妻**适产**，邻媪来，窥见女。	同范侦无他患，乃潜移女弟**于**其兄五荣家。五荣妻**产**，邻媪来，窥见女。
初，邻媪**子**以是案瘐于狱，衔之。首之官，廉得实，乃重案前事。杨氏弟兄不能隐其奸，皆反坐所指。浮尸乃董氏仆也。	初，邻媪**子为刑吏**，以是案瘐于狱，衔之。首之官，廉得实，乃重案前事。杨氏弟兄不能隐其奸，皆反坐所指。浮尸乃董氏仆也。
凡前案株连人，尽得平反，而应求亦出于狱。**未几，**复原官，补**楚之利川**。数年，**擢同知，卒于官。**	**应求于是始**出于狱，复原官，补利川。数年，**擢凤阳同知，卒。**
至今麻城人**述其事**，犹有泪下者。	至今麻城人**述其受诬困辱事**，犹有泪下者。

注：差异处以加粗、下画线标示。

资料来源：《嘉庆临桂县志》卷二十九，29b～30b 页，收入《中国方志丛书》第 15 号，总 477 页，台北，成文出版社，1967；《嘉庆广西通志》卷二百六十，16b～17b 页，收入《续修四库全书》史部第 680 册，总 622 页，上海，上海古籍出版社，1995。

扣除现代标点符号的话，汤应求传记的《嘉庆临桂县志》版本凡三百八十八字，《嘉庆广西通志》版本凡三百七十五字，二者内容大同小异，我们可从中得知汤应求生平大概：举人出身，"简发湖北"，署理麻城县知县期间审理杨氏失踪案，含冤受屈，终获平反，官至凤阳府同知。然则汤应求何时中举？"简发湖北"又是一条怎样的仕宦路径？

1. 从举人拣选到候选知县

查《嘉庆广西通志》的选举表，知汤应求考取举人的年份是康熙五十九年（1720）。[3] 汤应求家乡的《雍正灵川县志》和《民国灵川县志》，都证实了这一点。《雍正灵川县志》说汤应求居住"省城"，《民国灵川县志》则说汤应求是"三都人"。《民国灵川县志》的汤应求传记虽注明抄录自《嘉庆广西通志》，却补入《嘉庆广西通志》汤应求传记原文所没有的几个字："三都细瓦窝人，寓居桂垣。"[4]《嘉庆临桂县志》也把汤应求列为"外邑人寄居本邑者"，临桂作为桂林府附郭县，"寄居本邑"也就是住在桂林城内之意。⑤可知汤应求的籍贯是广西桂林府灵川县三都细瓦窝，但他早已搬离家乡，长年居住桂林城。⑥康熙五十九年通过广西乡试，成为举人。有趣的是，名满天下的陈宏谋，不仅是汤应求同乡，也与汤应求考取举人的年份相近。陈宏谋在雍正元年（1723）中举，同年成为进士。

接着，通过《自警录》，我们得知汤应求仕宦生涯之大概。雍正十一年（1733）五月二十五日湖北巡抚德龄会同湖广总督迈柱参劾汤应求时，提及汤应求"系广西桂林府灵川县举人，赴部拣选引见。雍正三年（1725）十二月内，奉旨命往湖广办理水利事务，交与巡抚试看题补之员。雍正八年十月内，委署麻城县"⑦。可知汤应求于康熙五十九年成为举人，会试落第，就以举人拣选之路进入官场，并在雍正三年十二月获得前往湖广办理水利事务的任命。所谓"赴部拣选引见"，是指举人拣选，也就是《嘉庆广西通志》和《嘉庆临桂县志》所谓以"举人简发湖北"。举人会试落第后，如果绝意会试，可以向吏部申请推官、知县、通判等官职。顺治九年(1652)规定，举人必须会试落第三次，才可申请"拣选"；顺治十五年(1658)又新增规定，容许广西举人不必会试落第三次才申请"拣选"。汤应求籍贯是广西桂林府灵川县，正好符合这一新规定。但是，《自警录》最后又引述吏部文件，说汤应求是"候选知县，雍正五年(1727)十二月内拣选引见，命往湖广理水利事务"⑧。分发汤应求到湖北的任命究竟是在雍正三年十二月还是在雍正五年十二月？正确答案应该是雍正五年十二月。

根据《雍正朝起居注》，雍正五年十二月十日，吏部带领"十一月分月选官员"和"分发陕西、四川人员"引见，相当于由清世宗面试。结果，世宗认为汤应求等十人"俱系中材"，"命往湖广办理水利事务"，由湖北巡抚马会伯"试看，如好，酌量题补。如不实心效力，着出具考语，送部请旨"。这十名被安排试用于湖北水利事务的人员中，汤应求排名第六。⑨日后，乾隆二年(1737)九月二十日，大学士张廷玉也提到汤应求是在雍正五年获得引见。[10]另外，汤应求以举人拣选申请候选知县职位时，按吏部条例，进呈申请资料，除提及自己是康熙五十九年举人外，更提及自己雍正五年时"年叁拾肆岁"[11]，可知他应该生于康熙三十二年(1693)。

汤应求于雍正五年十二月以"举人拣选"而分发湖北后，于雍正六年二月开始在武昌府"承办咸宁县事务，协修嘉鱼县长堤"[12]。与汤应求等一同获得这项试用任务的十人之中，有张其维者，雍正十年成为嘉鱼县知县，他的《长堤详文》间接透露了汤应求等十名候选官员的工作："嘉鱼县马鞍山起至江夏县赤矶山止，一百二十里长堤一道，乃江(夏)、嘉(鱼)、咸(宁)、蒲(圻)四县之命脉也。……雍正五年大水而后，此堤略存形迹。是年十二月内，奉旨拣发卑职同傅百揆等候选十员来楚办理水利事务。雍正六年正月到省，奉委督修咸宁、蒲圻二县堤，历六、七两年始得成功。"[13]这样看来，汤应求至少没有出什么差池。因此，雍正八年十月，汤应求获委任为黄州府署理麻城县知县。这项署理任命为期一年，至雍正九年十月为止，之后汤应求还得到署理襄阳府南漳县知县的任命，但具体时间不详，可能是从雍正九年十月到十年七月。[14]再之后，汤应求卷入麻城杨氏案，身陷囹圄，遭"三木之极刑"[15]，几乎送命。幸好，折腾煎熬六年之后，终于否极泰来，获得平反，保住性命和名誉，详见本书第一章。

2. 麻城杨氏案平反之后

随着麻城杨氏冤案的平反，乾隆二年三月六日，湖北巡抚钟保下令，汤应求恢复举人拣选、候选知县的官职，留用湖北。[16]根据汤应求《自警录》自序落款"乾隆二年丁巳仲夏月静江汤应求简臣氏撰于溳川署中"[17]，溳川就是孝感，可见此序撰于汉阳府孝感县衙署内。但仅以这则史料，无法确认他只是路过孝感县，还是在孝感县任职及担任何职。是年八月七日，署理湖广总督史贻直鉴于施南府利川县新任知县朱明渊于上月病故，而汤应求"居官谨饬，办事亦勤"，在孝感县这个"繁难冲疲之缺，数月以来，该员颇能黾勉供职，且在楚年久，熟悉风土民情"，于是推荐汤为利川县署理知县，试用一年。[18] 由此可知，汤应求恢复举人拣选、候选知县的原职后，确实曾在乾隆二年内署理孝感县知县，为期几个月，随即因史贻直的"嘉许"而改任施南府利川县署理知县。

为何史贻直的"嘉许"二字要加引号？孝感县属汉阳府，是比黄州府麻城县更好的地方，这也算是对他几年来遭受麻城杨氏冤案折磨的补偿。而施南府位于湖北最西端的苗疆，是新近把忠峒等十五土司改土归流而设立的府，成立还不到两年，利川县又位于施南府西端，竟是鄂省西端苗疆之西端[19]。就官员仕宦生涯来说，孝感县才是肥缺美差，而利川县可以说是穷山恶水。史贻直把汤应求从署理孝感县知县改为署理利川县知县，表面上是平调，实际上无异于降谪。为何如此？也许和汤应求署理孝感县知县任内遭遇四次行政处分有关。但是，汤应求署理孝感县不过几个月，真有足够时间违例违限从而遭受四次行政处分？从这四次行政处分的文件题目"接""承"等字眼可知，显然是前任遗留下来的工作，而汤应求未能按期完成，所以"被负责"而已。[20]

史贻直的推荐，于乾隆二年九月二十日得到大学士张廷玉的同意[21]，汤应求遂成为施南府利川县署理知县，乾隆三年正月二十二日正式到任，一年之后，试用期满，得上司向吏部申请升为实授，吏部于乾隆五年(1740)正式批准升汤应求为实授利川县知县。[22]这是汤应求雍正五年以"举人拣选"这条路径入仕以来，首次获得实授正印官职，是年他四十七岁，入仕已经十三年。

倒霉得很，汤应求在利川县知县任内，又遭遇一次行政处分。事缘湖广总督德沛建议修葺施南府各县的"衙署、祠宇、桥梁、道路、船只等项"，工程预算四万四千九十二两，乾隆三年十月，工部批准，圣旨从之。[23]这项工程限期一年，但具体从哪一天开始计算，并不清楚。结果，施南府辖下六县内，咸丰县知县幕泰生及署理知县鹿聪豫、宣恩县知县陈寀、利川县知县汤应求均未能在限期一年内完工，这三县的四名正印和署理知县都受处分：降一级留任，直至工程修完之日，仍还其所降之级。因降级而扣减的俸禄，则从乾隆六年九月十八日圣旨同意处分之日开始计算，直至工程告竣、圣旨批准恢复所降之一级为止。不过，据汤应求顶头上司、施南府知府梁瑛的报告，汤应求在乾隆五年九月内就已完成利川县境内的相关修葺工程，为何从乾隆六年九月十八日圣旨同意处分之日开始扣减俸禄？如果再考虑到接替幕泰生的鹿聪豫在乾隆六年九月内才完成咸丰县相关工程，则汤应求的逾期程度并不严重。[24] 无论如何，汤应求遭受是次处分，等到恢复其所降之一级，已经是乾隆七年七月二十日的事了。[25]

又三年多后，乾隆十年十一月十八日，湖广总督鄂弥达援引任职苗疆官员"五年俸满升转"之例，推荐汤应求升职，因为汤应求自乾隆五年实授利川县知县，"连闰扣至乾隆拾年柒月初肆日，苗疆伍年之俸已满"，期间各项工作表现卓异，"共得辑录玖次，其奉到降罚案件，俱已完解，清楚销案，允称尽心供职之员"。[26]鄂弥达的建议于翌年即乾隆十一年正月二十八日得大学士张廷玉转达高宗，并得高宗朱批"依议"。[27]然后，汤应求在同年四月获"签升安徽凤阳府同知缺"，这时，汤应求"年伍拾叁岁"。而正式提交履历，请求批准，则在乾隆十二年九月二十六日。[28]就这样，汤应求薄宦鄂西苗疆八年之后，终于在乾隆十二年从湖北施南府利川县知县升为安徽凤阳府同知，只是，凤阳府虽是中原地方，但在清朝官场而言，并非要缺、肥缺，而且府同知也非一府之长。这大概是因为汤应求毕竟只是举人出身，由拣选入仕，其宦途前景本来就不如进士出身者。

汤应求任职鄂西八年，因缘际会，为清朝十八世纪改土归流的大政宏图贡献了一块不大不小的拼板。作为施南府利川县知县，汤应求在这原本苗疆土司地方，建立了清廷的国家礼仪标签：衙署、文庙、城隍庙。《同治施南府志》虽一度把汤应求姓名误写为"杨应求",又把他的籍贯广西灵川县先误写成"广东临川",再误改作"江西临川",但还是把他列入名宦传,称赞他"多方抚恤,劝民耕作,抚字十载,不辞劳瘁,由是四境安谧,人民得所,至今父老犹称道不衰"㉙。至于《光绪利川县志》,虽继续沿袭汤应求籍贯"江西临川"之误,但幸好没有再弄错汤应求姓名,而且对于汤应求在利川县的治绩,着墨更多。例如,说汤应求解决利川县县衙附近的商铺土地纠纷,且把仲裁内容刻石立碑:

汤应求,江西临川举人,乾隆初知县。县自改土后,百废未兴,前令以难治去官,大府以应求令麻城,有能声,调兹邑。至,则建公廨、立学官,多方抚恤,劝民耕作,尤善决疑狱,著有《警心录》。先是,县治初立,商贾辐凑。治旁草莱,皆筑室列肆以居,争地者讼累年不绝。应求以次清厘,立石治前,民皆安之。治最,擢安徽凤阳丞,仍留利川任，凡十年始去。利人思之至今。[30]

由此可见，从建立清廷的国家礼仪标签如衙署、文庙、城隍庙，到仲裁市中心商业地段的土地纠纷，汤应求在利川县八年，确实交出不俗的成绩。但是，《光绪利川县志》刊行于光绪二十年（1894），距道光八年（1828）《自警录》刊行已六十多年，但以上传记仍称汤应求撰《警心录》而非《自警录》，可见该传记应该是仍然沿用《嘉庆广西通志》《嘉庆临桂县志》的记载，或与《嘉庆广西通志》采用同一资料来源。详见本书第三章之分析。总之，乾隆十二年，汤应求终于告别鄂西苗疆，由湖北施南府利川县知县升为安徽凤阳府同知。

约三年后，乾隆十五年五月五日，汤应求以安徽凤阳府同知、署理六安州知州的身份出现在清宫档案之中。他奉安徽布政使令牌，命人采办六安州茶叶八十五斤十二两、霍山县茶叶六百十四斤四两，合共七百斤，装成四百包，每包重一斤十二两，这是乾隆十五年六安州的进贡茶叶额度。[31]这则史料,也是笔者找到的汤应求任职凤阳府同知时期唯一的官方记载。

又三年之后,乾隆十八年二月十日,汤应求仆人姜荣报告:汤应求中风数日,医治无效而病故。三月十七日,安徽巡抚张师载向朝廷报告这一死讯。[32]可惜,笔者找不到更多有关汤应求任职凤阳府同知期间的记载,可以断定的是,汤应求病逝日期为乾隆十八年二月十日,公元1753年3月14日。

以汤应求雍正五年(1727)赴部拣选知县时的履历自报"年叁拾肆岁"计算[33],他应该出生于康熙三十二年(1693);康熙五十九年(1720)于广西乡试中举,是年二十七岁;雍正五年(1727)赴部拣选知县,是年三十四岁;雍正八年(1730)十月任职麻城县署理知县,是年三十七岁;乾隆三年(1738)正月就任施南府利川县署理知县,是年四十五岁;乾隆十三年(1748)九月就任安徽凤阳府同知,是年五十五岁;乾隆十八年(1753)二月十日病逝于凤阳府同知任内,享年六十岁。

3. 汤应求的后事与后人

汤应求以举人拣选入仕，论出身，比起进士入仕者，低了一等，但审理麻城杨氏一案尚属正直，至少没有像高人杰、黄奭中那样锻炼冤狱，后来杨氏案平反，汤应求也挽回了性命和声誉，但并未能因为获得平反而大展宏图，反而被调至鄂西苗疆。汤应求仕途确实谈不上春风得意，但应该可以说无愧于心。不料，在他逝世后官场仍不放过他。

乾隆十九年(1754)十二月，汤应求逝世近两年，湖广总督衙门报告，称汤应求在利川县任内"修建衙署、坛庙、祠宇等项，应返自行节省核减并奉部核减共银玖佰玖拾柒两三钱三分玖厘柒毫贰丝"，要求汤应求调任所属的安徽巡抚衙门、汤应求原籍所在的广西巡抚衙门联合追查这笔接近一千两的公帑。因为清朝定例，"应追官员亏空并一切赃赔等项银两，若原籍、任所俱无产业资财，实在无可著追者，令原籍地方各官取结加结咨部，各归任所取结加结题豁免"。安徽和广西巡抚衙门均回复说汤应求并无任何资产，于是湖广总督开泰奏请豁免追缴。在此调查过程中，开泰引述广西桂林府灵川县知县万豫的报告，披露了汤应求的家庭状况：

> 原任凤阳府已故同知汤应求，本系灵籍，寄在省城西华门外。灵邑并无置有田产，亦无财物隐寄，并据该县知县万豫关移临桂县确查，该故员遗妻全氏、子之勖，现系赤贫，并无产业寄顿。[34]

由此可见，汤应求虽然是灵川籍，但出仕前一直住在省城桂林的西华门外。他逝世后，遗孀全氏和儿子之勖继续住在桂林，全无田产财物，属赤贫状态，这得到了桂林府附郭县临桂县衙门的确认。可是，根据前文引述乾隆十年湖广总督鄂弥达的奏折，汤应求虽在利川县任内因修建工程延误而被罚降一级留任，但连同之前在署理孝感县任内的"降罚各案银两，均已完解清楚，先后题咨开复销案"⑤，为何死后两年又被追缴接近一千两的帑银？汤应求死后家徒四壁、妻子赤贫，的确属实，还是清朝官场的潜规则，把一些烂账推到已故官员名下，再心照不宣，以已故官员遗属赤贫为由，从而一笔勾销之？又或者湖广衙门存心借汤应求洗刷烂账，而汤应求家属以赤贫抵抗？若然，则汤应求生前身后均遭受诬陷、迫害，实在令人同情。可惜，关于汤应求任职利川县期间修建衙署、坛庙、祠宇的开支问题，笔者找不到更多的史料，唯有付诸猜测。

不过，关于汤应求后裔及杨氏案的后续发展，福建人郑澍若倒是在其《虞初续志》中留下一笔珍贵的记载。郑澍若此书序于嘉庆七年，顾名思义，是模仿《虞初志》的体例，辑录各种神怪故事，故名《虞初续志》。袁枚《书麻城狱》亦为郑澍若收录，郑澍若还在袁枚《书麻城狱》后附上一段按语：

郑醒愚曰：岁壬子，同乡魏简斋偕其亲串汤苋忠自西粤来，主余家，述其祖应求公令麻城，以杨涂讼事，几罹不测，人知其冤，莫谁何也。既而狱直，好事者为谱传奇，名《一线天》云。因属余为文记之，以告后来。壬戌，得子才集读之，则《书麻城狱》一篇，与荩忠所述，不爽毫发，遂焚余文。盖余之文，或冀以麻城之事而传。得子才书之，则奸民之诈伪、猾吏之诪张，尽情毕露，应求公以斯文而不朽矣，文字攸关，岂浅鲜哉。[36]

可知汤应求有后人名汤荩忠，是福建人魏简斋的亲戚，汤荩忠在"壬子"这一年随魏简斋从广西来到福建，并经魏简斋推荐，在郑澍若家担任家塾老师，可见拥有一定文化水平。查郑澍若，字守愚，于嘉庆十五年庚午（1810）成为举人[37]，则"壬子"必然是乾隆五十七年（1792）。汤荩忠称呼汤应求为"祖"，把字面意思结合年份考虑，应该就是汤应求孙子。兹综合以上史料，绘制汤应求家族谱系图，如下图所示。

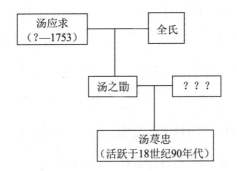

汤应求家族谱系

　　笔者对于汤应求生平之考证，就到此为止。但郑澍若以上这段史料，对于重构麻城杨氏案文本嬗变过程，极为珍贵，本书第三章还会再度引用并详细分析之。以下，笔者尝试分析雍正年间湖广高层政治，庶几为麻城杨氏案填进一些政治史的底色。

二、雍正年间的湖广高层政治

　　正如第一章指出，麻城杨氏案之审讯，汤应求因为神秘后台的敌视，吃尽了苦头。这后台是谁？《自警录》对此既讳莫如深又呼之欲出，而袁枚《书麻城狱》就把这个关子解答得清清楚楚，指名道姓说是湖广总督迈柱（见本书第三章第三节）。迈柱包庇高人杰，迫害汤应求，即使杨氏重现人间后，仍然多番阻挠，直到史贻直接替迈柱成为湖广总督，才实现杨氏案之平反。其实，湖广总督迈柱与湖北巡抚吴应棻在平反杨氏案一事上的矛盾，《自警录》也有所透露，如果翻翻清宫档案，就会发现更丰富的细节。现在首先交代迈柱的生平。

1. 迈柱生平

迈柱，满洲镶蓝旗喜塔拉氏（又作"喜塔腊氏""席他拉氏"），父亲名六十，祖父名孔郭罗[38]。康熙九年（1670）生，最早有记录的官职是笔帖式。康熙四十八年（1709），迈柱从笔帖式升为国子监助教，再升为工部主事。三年后，即康熙五十一年（1712），升为户部员外郎。又三年后，即康熙五十四年（1715），升为监察御史，在这个职位上待了十年。[39]其间，迈柱曾经南下北上，担任福建巡盐御史，巡视宁古塔。[40]雍正三年（1725）十二月，迈柱奉命会同荆州驻防将军武纳哈抄了前任将军阿鲁的家㊶。

雍正四年(1726)正月二十二日，迈柱向清世宗上呈满文奏折，报告阿鲁勒索兵丁、贪污、将应急马匹放牧但继续冒领钱粮等犯罪情节，最后称正红旗佐领巴哈展是阿鲁亲信，管理马匹事务三年，建议将巴哈展革职审讯，追缴正红旗冒领钱粮。但清世宗认为迈柱只应审讯阿鲁，不应牵扯出与阿鲁未必相关的不法人员及活动，在朱批中臭骂迈柱一顿："尔乃极无知之人……尔错矣。……办事甚粗!"㊷虽然如此，迈柱继续官运亨通，从雍正四年到五年(1726—1727)，他先后升迁为工部右侍郎、吏部右侍郎、署理江西巡抚、湖广总督。雍正九年(1731)十月十三日，迈柱上呈密折，谓派赴陕西的官兵已经准备好，并把涉及安置六里苗事宜的六件奏折呈缴。这道简短而又无特别内容的密折，只因"候文行到日遵行外"一句为"候行文到日遵行外"之误，招来世宗一句痛骂："糙蠢愚戆之性作发矣。"㊸

世宗批答迈柱密折，臭骂怒斥，不假辞色，但同时又对迈柱委以重任，也许是因为迈柱还有一重重要身份：他是世宗朝重臣鄂尔泰的岳父。[44] 鄂尔泰出身满洲镶蓝旗西林觉罗氏，原配夫人（出身瓜尔佳氏）于康熙五十年(1711)为其生下长女，是年卒。翌年，三十三岁的鄂尔泰续娶迈柱女儿，称迈夫人。[45] 当时迈柱是监察御史，鄂尔泰是佐领、三等侍卫。[46] 总之，世宗与迈柱的交流模式，也许可以说反映了清朝独有的满人主奴交流模式。

2. 迈柱与王柔

从雍正五年到十三年(1727—1735)，迈柱一直担任湖广总督。其间，迈柱和在《自警录》内昙花一现的湖北按察使王柔发生矛盾。[47] 虽然这矛盾与麻城杨氏案无关，但阴差阳错，王柔后来却得了平反杨氏冤案的功劳，详见本书第三章第三节。

王柔，山东福山县人，贡生出身，也像汤应求一样以拣选入仕。不过，王柔官运亨通，雍正十一年，居然接替唐继祖而成为湖北按察使。[48]王柔把自己担任湖南辰永靖道、湖北按察使、湖南衡永郴道期间的奏折及清世宗朱批谕旨抄录一份，成为王家珍藏史料《王柔奏稿》。[49]此举干犯世宗有关禁止抄录或保存朱批谕旨的命令，虽然这禁令极不合理也不可行。[50]可惜，《王柔奏稿》中并无直接涉及麻城杨氏案的文字。

王柔与迈柱的矛盾产生于安陆府知府伟瑘涉嫌受贿一案。伟瑘是满洲官员，原任河南汝宁府知府。雍正八年二月，费谦流担任湖北德安府知府，而其父亲费金吾担任湖北巡抚，出现了回避问题。河东总督田文镜遂建议把费谦流与伟瑘职位对调。伟瑘就这样调入湖北。[51]伟瑘后来转任安陆府知府，并闹出受贿丑闻，世宗对此十分关注，他于雍正十年十月二十三日谕内阁："安陆府知府伟瑘，乃从河南拣选调往湖广者，近闻其操守平常，尔等可密寄信与迈柱，令其留心访察奏闻。大凡满洲人员，不患无才，而难于有守。目今在外道府者不过数人，若有一二人操守不固，实为满洲人荣辱进退所关，不可不严加砥砺，使之有成。此则督抚之责也。"[52]
世宗把该案抬到关乎"满洲人荣辱进退"的高度，迈柱当
然不敢怠慢。该案的审理过程不详，但迈柱弹劾王柔处
置该案时"性情乖张，好尚新奇"，倒是有实在史料可
征。[53]足见二人因为伟璪案而发生矛盾，可能也因此让世
宗对王柔产生不良印象。后来，王柔因为在改土归流问
题上勇于任事，强化了世宗的反感。世宗训斥王柔经常
绕过迈柱直接呈递密折，意图独占功劳，用心"甚属卑
鄙"，而且提出的建议绝大部分不可行，是"孟浪粗
疏"[54]，最后，世宗决定解除王柔湖北按察使的职务，令
其回京听候指示。事在雍正十二年八月二十八日。[55]

　　王柔被迈柱踢出湖广官场高层之际，汤应求、蔡灿、
涂如松等已被咸宁县知县邹允焕、黄陂县知县黄奭中"锻
炼"了大约一年。相对于关乎"满洲人荣辱进退"的伟璪涉
嫌受贿案，麻城杨氏案只涉及一位署理知县，在当时清
廷眼中可以说微不足道。但是，最终把迈柱扳倒的，正
是麻城杨氏案。这就牵涉到迈柱与吴应棻的矛盾了。

3. 迈柱与吴应棻

雍正十三年(1735)闰四月十七日，吴应棻以署理湖北巡抚身份上呈密折，谓自己上任一个月以来，发现"湖北吏治，废弛已极，无论钦、部、大小案件，俱经年累月，拖延不结。……按察使胡瀛，到任未及两月，从前积案繁多，正在竭蹶办理。……至州县沉搁之案件，更不可胜计。臣数年来历遍燕豫两省，久不见此阘茸风气矣"。世宗朱批回复曰："嘉是览之，如此存心，方不负朕之恩用，两司宜留，汝意如何？二人原皆系中才，可酌定奏闻，勉力为之。"[56]吴应棻作为湖北巡抚，这番揭露，并没有指名道姓批评迈柱，但迈柱作为湖广总督，难辞其咎。然而世宗却没有下这个貌似顺理成章的结论，反而顾左右而言他，转而询问湖北布政使、按察使的表现。说世宗有意维护迈柱，似不为过。

但世宗对于吴应棻有关湖北吏治废弛的密折，除朱批回复之外，还有所动作。五月五日，世宗谕内阁大学士鄂尔泰、张廷玉，把吴应棻奏折抄录予前任署理湖北巡抚、现在已经升任四川巡抚的杨馝，质问杨馝"何以全无整理，亦并无一字奏闻，是何意见"。杨馝回奏，说自己是在雍正十二年（1734）八月十三日就任署理湖北巡抚一职，"在任半年"而已，但完全同意吴应棻的观察，还不点名地提及麻城杨氏案："检查钦部案件，不独如吴应棻所奏经年累月不结，且有叠参迟延数年未结之案，甚至命案有尸伤屡经检验未确、尸骨叠经易换未明，或因要犯未获难以悬拟，或其间司府州县承审各官正署叠更以致辗转迁延，事多废弛。"杨馝说"尸伤屡经检验未确、尸骨叠经易换未明"云云，显然就是指麻城杨氏案内赵家河沙滩尸体一事。然后，杨馝说自己虽设立三催之法，希望把各积案"彻底查催，随到随即审题"，但成效不大，承认自己"咎实难辞"。世宗朱批回复曰："若似此不粉饰，直陈其情，尚有可恕。但勉（免？）此任之□（辱？）忝可也。不然，恐未必有人能护庇汝终身不致败露。"[57]

世宗算是放过了杨甡，但也开始追究迈柱了。雍正十三年七月十四日，世宗谕大学士张廷玉，谓吴应棻有关湖广吏治废弛的密折得到杨甡的证实，现在把杨甡奏折抄录一份，寄予迈柱，要求迈柱回应。不巧，七月二十四日麻城县知县陈鼎抓获杨氏之后⑧，麻城杨氏案真相逐渐暴露于清廷最高层。吴应棻于雍正十三年八月四日所上密折甚为详尽，笔者不避文抄公之讥，抄录如下：

臣到任后，即访知有黄州府麻城县民涂如松殴死伊妻杨氏一案，牵连官吏衿民，问成斩绞流徒，罗织数十人，迁延五六载。至上年十二月，始据督臣迈柱、署抚臣杨甡审拟会题。及至定案之后，传闻杨氏藏匿他处，并不曾死，罪多冤屈。臣甚骇听，一面差人四处缉访，一面查阅案情。知涂如松于雍正八年正月间，伊妻杨氏走失无踪，与妻兄杨五荣彼此互控。延至九年五月间，该县地方赵家河沙滩忽报有一尸，五荣指为杨氏。先经知县汤应求相验，尸骸不全；继经委员高人杰检系女尸，又经委员蒋嘉年检系男尸。案情闪烁，委员叠讯。将涂如松以殴妻致死，拟绞；将案内生员蔡灿以男尸换女尸，照光棍例，拟斩立决；刑书李宪宗与蔡灿同谋换尸，照光棍为从例，拟绞；知县汤应求知情受贿，藏匿蔡灿，照与犯人同罪例，拟绞；仵作李荣与蔡灿私开杨氏尸棺，问为从，拟流；其余涂方木、赵碧山、万贵问杖一百，徒三年；李四、蔡三、许氏、袁氏等十犯，问杖一百、杖八十不等。臣窃思此案问拟斩决一人、绞犯三人、流犯一人、徒犯三人、杖犯十人，尚有在逃缉拿者六人。因杨氏一妇女而致成此大狱，设有未的，残民命而伤天和，所关不小。臣益力加访查。不独邻近州县处所查拿，甚至风闻逃匿河南、陕西，并差人远缉。今于七月二十八日，据麻城县知县陈鼎详报，杨氏现在伊兄杨五荣家藏匿，拿获。并据陈鼎到臣署面禀，已据杨氏及杨氏之母朱氏供招，并邻佑及伊夫

涂如松都当堂认明等语。杨氏既现在不死，不特涂
如松绞罪枉断，而一切换尸开棺之罪，多有未的。[59]

吴应棻作为巡抚、作为汉臣，相对于作为总督、作为满
臣的迈柱，还是矮了一截。但是，吴应棻还是很不客
气，说麻城杨氏案拖延五六年，"至上年十二月，始据
督臣迈柱、署抚臣杨秘审拟会题"。这一"始"字，终于
反映出吴应棻的责难了。然而，世宗朱批却只一"览"
字，极不寻常。是否因为吴应棻此密折撰写日期距离世
宗逝世不足二十天，世宗健康状况已经恶化？当然，关
于世宗逝世，颇多传闻，非本书所需要处理者。如果说
这一"览"字反映出世宗对迈柱的维护，似亦说得过去。

面对吴应棻的连番弹劾、杨秘的佐证，迈柱于八月
二十一日全面反击。他首先指出，吴应棻、杨秘对于审
案程序的理解"实属错谬"。审理命盗案件有三道期限，
即使在第二道期限内未能结案，相关官员提交解释、获
得批准后，仍可以革职留任，再获四个月时间以审结案

件。这是"通行定例，各省皆然，非关吏治废弛也"。吴应棻"初署抚篆，不识仕学津梁"，也许因此不明白审案时间本来就相当长，而杨馝出身知县，没有理由不知道这一点。迈柱又指出，杨馝获委任为署理湖北巡抚之后、尚未到任之前，他自己在雍正十二年六月十三日至八月十二日这两个月署理湖北巡抚，就审结了四十六宗"命盗奸拐"案件，等到杨馝就任署理湖北巡抚一职时，只剩一宗案件尚未审结，这就是"麻城县赵家河沙滩被犬爬出尸骸，该县民杨五荣告系伊妹杨氏被夫涂如松打死埋藏一案"。该案"情窦多端，检验三次，承审之员叠更，又因要犯蔡灿逃匿霍山县深山，难以定拟"，迈柱秘密知会两江总督、江南巡抚衙门，才将蔡灿逮捕归案。而就在宣布判决、等待刑部批准执行刑罚之前，"又据麻城县详报杨氏现藏母家，于本年七月二十三日，已被拿获，现在齐犯另审正伪实情"。迈柱承认，"此案经今六年，变幻不测，仍难完结"，但杨馝密折内所谓"命案尸伤，屡经检验，承审官叠更，即指涂如松一案而言，此外无辗转迁延数年不结尘案在杨馝任内清理者"。最后，迈柱反戈一击："大约督抚新任，都有先言吏治疲玩废弛，其中虚实不一……亦有干才自任，数月之后，虚夸整理者"，吴应棻、杨馝"俱在任半年，为日已久，其整理者何事？既无一事整理，可见其奏事多不实"，简直不屑一驳云。

迈柱这道密折上呈于八月二十一日。两天之后，即八月二十三日，世宗驾崩，高宗用墨批回复，谓世宗临终前委任迈柱为内阁大学士，最近因贵州苗人作乱，调湖广总督张广泗为云贵总督，故"仍留卿楚督之任，卿当仰遵圣训，实心莅政，整理封疆，勿谓署理为暂时之计，稍涉因循也。从前既有吏治废弛之论，切当自返，与署抚臣和衷料理一切事务可耳"。[60]不过，三个月后，即雍正十三年十二月八日，高宗经内阁发出上谕：关于杨氏案，"该省督抚各持意见，今该督抚俱已奉旨来京，此案著暂停查审，候户部尚书史贻直到任后秉公审讯具奏"。[61]这算是以十分给面子的方式把迈柱调离湖广，史贻直抵达武昌后，麻城杨氏案才获正式翻案，详见第一章，兹不赘。

小　结

雍正十一年，湖北巡抚德龄为黄奭中说好话，谓黄奭中是自己在康熙五十九年庚子科担任山东乡试考官期间考中的举人，"久任楚省，颇称才干，但性稍浮动，尚须教导"。又提及自己弹劾一位知县，应该就是指汤应求。[62]这则史料无意中透露出黄奭中审理麻城杨氏案时期的官场人脉：德龄既是他的现任上司，也是他乡试时期的主考，黄奭中不仅是德龄门生，也是德龄"现"吏，比起"门生故吏"这句套话，关系更深一层。如果德龄的湖北巡抚一职不是由吴应棻接替，即使杨氏重出人间，杨氏案大概仍然会以邹黄二令的版本了结吧。

关于雍正年间的官僚制度、司法制度，王志明等已作出深入探讨。[63]关于本案在雍正时期的司法审转制度中的运作，笔者因撰写时间限制，拟另文讨论。世宗作为雄猜之主，很善于利用密折制度比对其他方面的情报，把握大小臣工的具体表现与真实面目，实现其雄猜、阴察之治，这就在无意中为麻城杨氏案积累了十分重要的史料，笔者因此得以在一定程度上突破《自警录》的局限。但是，《自警录》始终是麻城杨氏案最重要的史料，笔者将在下一章处理《自警录》的刊行与文本嬗变问题。

注　释

① 汤应求生平，见(清)谢启昆修，胡虔纂：《广西通志》卷二百六十，16b～17b 页，收入《续修四库全书》史部第 680 册，总 622 页，上海，上海古籍出版社，1995，据嘉庆七年九月刻本影印。以下该书称《嘉庆广西通志》。该志有关汤应求编纂《警心录》的记载，见卷二百七，28a～31a 页，收入《续修四库全书》史部第 680 册，总 14～16 页。

② 汤应求生平，见(清)蔡呈韶、金毓奇修，胡虔、朱依真纂：《临桂县志》卷二十九，29b～30b 页，收入《中国方志丛书》第 15 号，总 477 页，台北，成文出版社，1967，据嘉庆七年修、光绪六年补刊本影印。以下该书称《嘉庆临桂县志》。该志有关汤应求编纂《警心录》的记载，见卷二十一，30a～32b 页，收入《中国方志丛书》第 15 号，总 347～348 页，台北，成文出版社，1967。

③ 《嘉庆广西通志》卷七十五，24b 页，收入《续修四库全书》史部第 678 册，总 139 页，上海，上海古籍出版社，1995。

④ (清)郑采宣、陈虞昭修，崔达纂：《灵川县志》卷三，23a 页，收入

《故宫珍本丛刊》第 198 册，总 261 页，海口，海南出版社，2001，据雍正三年刻本影印。陈文美修，李繁滋纂：《灵川县志》卷五，13a 页，卷六，9a～10a 页，中国数字方志库 1929 年石印本。以下该书称《民国灵川县志》。"三都细瓦窑人"一句，见 9a 页。另外，据云又有乾隆三十一年(1766)知县杨德麟据雍正志略为增辑而成的《乾隆灵川县志》，但此书已佚。

⑤　(清)蔡呈韶、金毓奇修，胡虔、朱依真纂：《临桂县志》卷二十九，29a 页，收入《中国方志丛书》第 15 号，总 477 页，台北，成文出版社，1967。

⑥　更准确的说法应该是长期居住在桂林城西华门外，详见本章第二节末。

⑦　参见《自警录》文件 45，卷三，11b～12a 页。有关"举人拣选"制度的演变，参见(清)托津等奉敕修：《钦定大清会典卷事例(嘉庆朝)》卷五十六，10a～18a 页，收入沈云龙主编：《近代中国史料丛刊》三编第六十五辑 643～650 号，总 2599～2615 页，台北，文海出版社，1991。

⑧　《自警录》文件 73，卷四，41b 页。

⑨　中国第一历史档案馆编：《雍正朝起居注册》第 2 册，1651 页，北京，中华书局，1993，据稿本影印。

⑩　《大学士张廷玉题为遵议湖北省利川县知县员缺准其试用举人汤应求署理事》，中国第一历史档案馆藏内阁吏科题本，电子档号 02-01-003-003388-0009-0000。笔者于 2017 年 7 月初响应教育部"港澳与内地高校师生交流计划"("万人计划")，带领学生到中国人民大学交流，其间蒙人大师友宽容照顾，复蒙中国政法大学法律古籍整理研究所李雪梅教授写介绍信，得以到中国第一历史档案馆查阅麻城杨氏案史料，特此鸣谢。

⑪　秦国经主编：《中国第一历史档案馆藏清代官员履历档案全编》第 14 册，696 页，上海，华东师范大学出版社，1997。可惜，汤应求虽在申请书内写"谨缮履历，恭呈御览"，但该履历并未留下。

⑫　《自警录》文件 72，卷四，41a 页；乾隆二年九月二十日《大学士张廷玉题为遵议湖北省利川县知县员缺准其试用举人汤应求署理事》，中国第

一历史档案馆藏内阁吏科题本，电子档号 02-01-003-003388-0009-0000。又据湖北巡抚马会伯雍正六年四月二十二日密折，以上十名被派往湖广办理水利事务的候选人员，"十员已到九员，惟冯凌霄至今未曾到楚"，见台北故宫博物院编：《宫中档雍正朝奏折》第10册，326页，台北，台北故宫博物院，1977—1980，影印本。有趣的是，马会伯这份奏折，也是台北故宫博物院 2009 年 10 月 7 日至 2010 年 1 月 10 日"雍正：清世宗文物大展"的展品之一，原因大概是世宗在此奏折中写下了五六百字的朱批，见戴逸等撰文，冯明珠主编：《雍正：清世宗文物大展》，60～61页，台北，台北故宫博物院，2009。

⑬ (清)张其维：《长堤详文》，见(清)张其维修，李懋泗、王士璇纂：《重修嘉鱼县志》卷七，45b～46a页，中国数字方志库乾隆二年刻本。关于江夏嘉鱼长堤之修筑，杨国安考察其由宋至清的管理模式变化，进行了十分细致的社会区域史分析，参见《国家权力与民间秩序：多元视野下的明清两湖乡村社会史研究》，175～200页，武汉，武汉大学出版社，2012。

⑭ 《自警录》文件 54，卷三，31b 页："至七月内，蔡灿因汤令署理南漳，卸事回省，潜至汤令公馆藏匿，商议覆检之呈。汤令送给盘费银四两，令其远飏。"看上文下理，当是指雍正十年七月。

⑮ (清)汤应求：《麻城县大狱纪略》，见《自警录》卷首，14b 页。

⑯ 《自警录》文件 72，卷四，41a 页。《自警录》只提及湖北巡抚钟某，钟保的全名，见《民国湖北通志》卷一百十五，总 2769 页，上海，商务印书馆，1934。又，清高宗就麻城杨氏案一事，朱批谕旨命钟保"据汝所闻，秉公奏来"。乾隆元年正月十一日，钟保密折回复说，自己与麻城县"相隔千里，不甚详细"，只听说杨氏并非被涂如松杀害而是被杨五荣藏匿。清高宗批复："览。新任总督如何，随时据实陈奏。"通过钟保来掌握史贻直署理湖广总督任上的表现，可知清朝这种密折制度确实能够让皇帝实行"英察""雄猜""阴刻"的统治，见乾隆元年正月十一日《湖南巡抚钟保奏为遵旨复奏湖北涂如松妻杨氏并非伊夫打死事》，中国第一历史档案馆藏清代朱批奏折，电子档号 04-01-026-000001-027-0000。关于清朝密折与中央政治统治的研

究，参见杨启樵：《雍正帝及其密折制度研究》，169～175页，香港，三联书店，1985，增订第2版。

⑰　（清）汤应求：《自警录自序》，见《自警录》卷首，18a页。

⑱　乾隆二年八月七日《署理湖广总督史贻直题请以汤应求署理湖北利川县知县事》，中国第一历史档案馆藏内阁吏科题本，电子档号02-01-003-003379-0015-0000。

⑲　"（雍正十三年十一月）壬寅，湖北忠峒等十五土司改土归流，分置一府五县，于恩施县建府治，名曰施南府，分设县治，名曰宣恩、来凤、咸丰、利川。"见赵尔巽等：《清史稿》卷十《高宗本纪一》，346页，北京，中华书局，1977。

⑳　这四次行政处分，内容不详，只有简略的标题：一是"接缉李良贵将唐四捆缚溺水身死一案，限满无获，部议于现任内罚俸壹年"；二是"滥应把总艾养民等赍折进京口粮一案，部议于现任内罚俸玖个月"；三是"接缉沙河滩不知姓名男子有伤身死一案，限满无获，部议于现任内罚俸壹年"；四是"承变程光珠产业一案迟延，已经详奉咨参，尚未奉准部覆"。前三次处分见乾隆十年十一月十八日《湖广总督鄂弥达题为湖北省利川县知县汤应求苗疆俸满无过廉谨实心请升转事》，中国第一历史档案馆藏内阁吏科题本，电子档号02-01-003-004358-0001-0000。第四次处分见乾隆二年八月七日《署理湖广总督史贻直题请以汤应求署理湖北利川县知县事》，中国第一历史档案馆藏内阁吏科题本，电子档号02-01-003-003379-0015-0000。

㉑　乾隆二年九月二十日《大学士张廷玉题为遵议湖北省利川县知县员缺准其试用举人汤应求署理事》，中国第一历史档案馆藏内阁吏科题本，电子档号02-01-003-003388-0009-0000。

㉒　乾隆十年十一月十八日《湖广总督鄂弥达题为湖北省利川县知县汤应求苗疆俸满无过廉谨实心请升转事》，中国第一历史档案馆藏内阁吏科题本，电子档号02-01-003-004358-0001-0000。

㉓　《清实录·高宗实录》卷七十九，245页，北京，中华书局，1986。

㉔　乾隆七年五月二日《湖广总督（孙嘉淦）为被参知县修建工程告竣请

旨开复事》，见"中研院"历史语言研究所内阁大库档案，登录号012906，《明清档案》卷册：A111-087。

㉕ 乾隆七年七月二十日《工部尚书哈达哈为核议湖北接署咸丰县事恩施县知县鹿聪瑜、利川县知县汤应求承修新设文武衙署等项工程报竣题请开复其原参处分事》，中国第一历史档案馆藏内阁吏科题本，电子档号02-01-008-000371-0013-0000。

㉖ 乾隆十年十一月十八日《湖广总督鄂弥达题为湖北省利川县知县汤应求苗疆俸满无过廉谨实心请升转事》，中国第一历史档案馆藏内阁吏科题本，电子档号02-01-003-004358-0001-0000。

㉗ 乾隆十一年一月二十八日《大学士张廷玉题为遵议湖北施南府利川县知县汤应求俸满升转事》，中国第一历史档案馆藏内阁吏科题本，电子档号02-01-003-004423-0017-0000。

㉘ 秦国经主编：《中国第一历史档案馆藏清代官员履历档案全编》第16册，432页，上海，华东师范大学出版社，1997。

㉙ (清)松林修，何远鉴纂：《施南府志》卷二十一《官师志·名宦》，13a页，收入《中国方志丛书》华中地方第328号，总1189页，台北，成文出版社，1976，据同治十年刊本影印。该志说汤应求是"广东临川举人"，乾隆三年上任，"广东临川"显然是"广西灵川"之误，见卷十九《官师志·职官表》，19a页，总1041页。后来可能修志者望文生义，认为临川属江西不属广东，就径自改为江西临川，同时又写错汤应求姓氏，"杨应求，江西临川举人"，居然九个字犯三个错，见卷二十一《官师志·名宦》，13a页，总1189页。汤应求修建利川县城隍庙，见(清)王庭桢修，雷春沼纂：《施南府志续编》卷二，25a页，收入《中国方志丛书》华中地方第361号，总163页，台北，成文出版社，1976，据光绪十一年刊本影印。

㉚ (清)黄世崇纂修：《利川县志》卷十四《列传一》，1b页，收入《中国方志丛书》华中地方第327号，总426页，台北，成文出版社，1976，据光绪二十年刊本影印。该传记说汤应求"擢安徽凤阳丞，仍留利川任，凡十年始去"，如果从乾隆二年九月二十日大学士张廷玉批准史贻直的推荐，

任命汤应求为利川县署理知县开始计算，至乾隆十一年四月汤应求"签升安徽凤阳府同知缺"，但汤应求又隔了一年多，至乾隆十二年九月二十六日才投递履历与吏部、就任凤阳府同知，说汤应求任职利川县十年，大概是这样算出来的。

㉛ 见"中研院"史语所藏内阁大库档案，档号054429。感谢暨南国际大学历史系唐立宗教授提供这一则史料。

㉜ 见乾隆十八年三月十七日《安徽巡抚张师载题报凤阳府同知汤应求病故日期事》，中国第一历史档案馆藏内阁吏科题本，电子档号02-01-003-005013-0010-0000。有关汤应求在凤阳府担任同知的简单记录，见(清)于万培纂修：《凤阳县志》卷五，18a页，中国数字方志库乾隆四十年刊、光绪二年重刊本。该记录把汤应求籍贯广西灵川误为广西临桂，光绪末年的《凤阳府志》也沿袭这一错误，见(清)冯煦修，魏家骅等纂，张德需续纂修：《凤阳府志》卷六下，11a页，中国数字方志库光绪三十四年刊本。其中原委，可能是临桂县为桂林府附郭县，而汤应求长期居住于桂林府城。

㉝ 秦国经主编：《中国第一历史档案馆藏清代官员履历档案全编》第14册，696页，上海，华东师范大学出版社，1997。

㉞ 以上三段引文，俱见乾隆十九年十二月九日《湖广总督开泰题为查明已故原任湖北利川县知县汤应求无力完缴应追银两请豁事》，中国第一历史档案馆藏内阁吏科题本，电子档号02-01-003-005195-0003-0000。

㉟ 乾隆十年十一月十八日《湖广总督鄂弥达题为湖北省利川县知县汤应求苗疆俸满无过廉谨实心请升转事》，中国第一历史档案馆藏内阁吏科题本，电子档号02-01-003-004358-0001-0000。

㊱ (清)郑澍若辑：《虞初续志》卷十，28b～29a页，收入《续修四库全书》集部第1783册，总549页，上海，上海古籍出版社，1995，据中国艺术研究院戏曲研究所藏咸丰元年小嫏嬛山馆刻本影印。

㊲ 李永选：《长乐六里志》卷六，5a页，收入《中国地方志集成·乡镇志专辑》第16册，总406页，上海，上海书店，1992，据1964年油印本影印。

㊳　(清)弘昼、鄂尔泰等奉敕纂:《八旗满洲氏族通谱》卷四十三, 2b页, 总499页, 沈阳, 辽沈书社, 1989, 据乾隆九年武英殿刻本影印。

㊴　详见"中研院"历史语言研究所人名权威人物传记资料库的"迈柱"条目。

㊵　雍正三年正月十二日, 迈柱上呈满文奏折《监察御史迈柱奏陈吉林乌拉八旗佐领各增养育兵事折》, 提及自己"曾奉旨与吉林乌拉将军会同办事一年", 建议吉林乌拉地区八旗佐领下各增养育兵五名, 见中国第一历史档案馆译编:《雍正朝满文朱批奏折全译》上册, 1037～1038 页, 奏折编号1872, 合肥, 黄山书社, 1998。迈柱此时之官职为监察御史, 又声明该折由他"胞弟之子监生明安"书写。世宗对此折并无批答。

㊶　赵尔巽等:《清史稿》卷二百八十九《迈柱传》, 10253～10254 页, 北京, 中华书局, 1977。又见清国史馆编:《满洲名臣传》卷二十八, 1b页, 收入周骏富辑:《清代传记丛刊·名人类 3》第 45 册, 262 页, 台北, 明文书局, 1985, 影印本。按: 周骏富辑本书名为《满名臣传》。

㊷　雍正四年正月二十二日《监察御史迈柱奏报审理阿鲁贪污案等事折》, 见中国第一历史档案馆译编:《雍正朝满文朱批奏折全译》下册, 1257～1258 页, 奏折编号 2268, 合肥, 黄山书社, 1998。

㊸　台北故宫博物院编:《宫中档雍正朝奏折》第 19 册, 26 页, 台北, 台北故宫博物院, 1977～1980。世宗在该折"候文行到日遵行外"一句旁画线, 认为这句话是"候行文到日遵行外"之误, 于是怒斥迈柱"糙蠢愚戆"。

㊹　武昌道徐聚伦上揭, 指控武昌府知府张淑郿征收商税时"重戥加耗, 剥削商民", 湖广总督迈柱"为人外朴实而内深险", "凡事善于打探, 得信最捷, 阴险巧诈, 动出意外", 包庇张淑郿。雍正八年三月十九日, 世宗向内阁发出长达 1986 字的上谕, 一一驳斥徐聚伦之指控, 见中国第一历史档案馆编:《雍正朝汉文谕旨汇编》第 8 册, 13b～18a 页, 总 110～112页, 桂林, 广西师范大学出版社, 1999。上谕"鄂尔泰与迈柱为翁婿之亲"一句, 见该书 17b 页, 总 112 页。该上谕又收进中国第一历史档案馆编:《雍正朝起居注册》第 5 册, 3539 页, 北京, 中华书局, 1993。又, 活跃于

乾隆初年的萧奭，也提及"迈柱满洲人，云督鄂尔泰之妇翁。后翁婿相继大拜"。见(清)萧奭著，朱南铣校点:《永宪录·续编》，354页，收入《清代史料笔记丛刊》，北京，中华书局，1959，据邓之诚先生所藏钞本排印。

㊺ (清)鄂容安等撰，李致忠点校:《鄂尔泰年谱》，5页，收入《年谱丛刊》，北京，中华书局，1993。

㊻ 赵尔巽等:《清史稿》卷二百八十八《鄂尔泰传》，10229页，北京，中华书局，1977。

㊼ 汤应求有一篇呈递给湖北巡抚德龄、湖北按察使王柔的禀文，撰写日期为雍正十一年二月十五日，见《自警录》文件39，卷二，39a~42b页。

㊽ 《民国湖北通志》卷一百十五，总2769页，上海，商务印书馆，1934。(清)何乐善修，萧劼、王积熙纂:《福山县志》卷八，54b~55b页，收入《中国地方志集成·山东府县志辑》第51号，总522页，南京，凤凰出版社，2004，据乾隆二十八年刻本影印。

㊾ (清)王柔:《王柔奏稿》，收入《中国公共图书馆古籍文献珍本汇刊·丛部·天津图书馆孤本秘籍丛书》第2册，389~506页，北京，中华全国图书馆文献缩微复制中心，1999，据不署日期之稿本影印。

㊿ 关于清宫密折制度及世宗禁止大臣保存朱批谕旨一事，似可略为发挥讨论。世宗早在圣祖驾崩后十四天，就颁发上谕，命令各督抚、将军把圣祖所有朱批谕旨上缴，"若抄写、存留、隐匿、焚弃，日后败露，断不宽恕，定行从重治罪"。见庄吉发:《故宫档案述要》，12页，收入《故宫丛刊》甲种29，台北，故宫博物院，1983。又参见杨启樵《雍正帝及其密折制度研究》引《上谕内阁》，162页，香港，三联书店，1985。世宗不久又下旨，连自己颁发的朱批谕旨也要上缴，也同样严禁抄录等。如雍正元年二月六日《山西巡抚德音奏缴朱谕二纸折》:"奉缴回朱谕之旨:嗣后凡朕首手批密旨，于下次奏事时，务必缴回，亦不可抄留。钦此。"见中国第一历史档案馆译编:《雍正朝满文朱批奏折全译》上册，27页，奏折编号50，合肥，黄山书社，1998。也确实有大臣因为私藏或复制朱批奏折而获罪。例如，

正白旗旗人能泰，被揭发把圣祖朱批谕旨"摹仿抄写"，"裱成手卷二个"，然后将原本呈缴。雍正五年(1727)十二月十八日，世宗认为能泰此举"亵慢御笔，违背朕旨"，命将能泰"交刑部治罪"，并再次警告大小臣工不得隐匿、摹写、收藏朱批谕旨，否则"从重治罪，不稍宽贷"。见中国第一历史档案馆编：《雍正朝起居注册》第2册，1686页，北京，中华书局，1993。又杨启樵《雍正帝及其密折制度研究》引《清史稿·蔡珽传》，谓蔡珽被揭发"私藏朱批奏折三十余件……险遭不测"，162页，香港，三联书店，1985。按："三十余件"恐为"三件"之误。查《清史稿·蔡珽传》："六年，管理正白旗信郡王德昭又奏珽家藏朱批奏折三件未缴进。"而且这并非蔡珽获罪的主要原因，事缘一年前，即雍正五年，蔡珽就因收受贿赂、谗毁岳钟琪、交结查嗣庭等十八项罪名而被判处斩监候，如今德昭揭发蔡珽私藏朱批奏折，建议执行斩刑，但世宗仍维持斩监候的裁决。至雍正十三年，世宗崩，高宗即位，蔡珽竟获赦免，至乾隆八年卒。以上俱见赵尔巽等：《清史稿》卷二百九十三《蔡珽传》，10327页，北京，中华书局，1977。但是，世宗这道指令甚为不合理。盖臣工奏折及世宗朱批，牵涉到当时的大小军政事务，往往延续多年，牵涉多面，文武大臣如果真的收到朱批奏折后缴还又不存留或抄写，就只能单凭记忆来把握决策过程和执行方略，这显然是不可能的。因此，所谓呈缴朱批奏折的上谕，并未获得严格执行，雍正八年、十一年，世宗曾分别谕令内阁催促群臣呈缴朱批奏折，就是明证。参见杨启樵：《雍正帝及其密折制度研究》，163页，香港，三联书店，1985。另外，世宗自己也早于雍正元年三月三日就谕令各满洲驻防将军，对于只朱批"朕躬安善"字样的奏折，不必缴还。参见雍正元年四月《侍郎常寿奏缴朱批折子折》，见中国第一历史档案馆译编：《雍正朝满文朱批奏折全译》上册，80页，奏折编号156，合肥，黄山书社，1998。另外，从雍正元年开始，也有大臣将谕旨抄写上呈，事实上等于承认大臣有权抄写朱批，总之，可以想象，收到朱批奏折的臣工，必然会秘密抄写存留一份。现存《王柔奏稿》内，王柔在自己奏折上抄录世宗朱批，朱批位置与字迹均尽量模仿原本，就是明证。

㉛ 中国第一历史档案馆编：《雍正朝起居注册》第5册，3458页，北京，中华书局，1993。

㉜ 台北故宫博物院编：《宫中档雍正朝奏折》第21册，590页，台北，台北故宫博物院，1977—1980。

㉝ 台北故宫博物院编：《宫中档雍正朝奏折》第22册，136页，台北，台北故宫博物院，1977—1980。

㉞ 中国第一历史档案馆编：《雍正朝起居注册》第5册，3458页，北京，中华书局，1993。

㉟ 中国第一历史档案馆编：《雍正朝起居注册》第5册，3458页，北京，中华书局，1993。

㊱ (清)吴应棻：《为敬陈湖北吏治仰邀睿鉴事》，雍正十三年闰四月十七日，见台北故宫博物院编：《宫中档雍正朝奏折》第24册，544页，台北，台北故宫博物院，1977—1980。

㊲ (清)杨鲋：《为遵旨具折明白回奏并谢圣训事》，雍正十三年六月八日，见台北故宫博物院编：《宫中档雍正朝奏折》第24册，800～802页，台北，台北故宫博物院，1977—1980。

㊳ 《自警录》文件56，卷四，1b页。

㊴ (清)吴应棻：《为冤狱未明据实奏闻事》，雍正十三年八月四日，见台北故宫博物院编：《宫中档雍正朝奏折》第25册，143～144页，台北，台北故宫博物院，1977—1980。

㊵ 以上引文，俱见(清)迈柱：《为钦奉上谕据实覆奏仰祈睿鉴事》，雍正十三年八月二十一日，见台北故宫博物院编：《宫中档雍正朝奏折》第25册，207～210页，台北，台北故宫博物院，1977—1980。留意：迈柱这道密折说抓捕杨氏日期是七月二十三日，《自警录》则说是七月二十四日。

㊶ 《自警录》文件68，卷四，17b～18a页。

㊷ 台北故宫博物院编：《宫中档雍正朝奏折》第22册，404页，台北，台北故宫博物院，1977—1980。该奏折日期为雍正十一年十二月一日。

㊸ 王志明：《雍正朝官僚制度研究》，上海，上海古籍出版社，2007。

麻城杨氏案的文本嬗变

历史研究不能离开史料，傅斯年所谓"近代的历史学只是史料学"[1]是也。就麻城杨氏案而言，主要史料就是汤应求自己编纂的《自警录》，本书也主要依赖《自警录》而写成。《自警录》是汤应求苦心经营、立场鲜明的有意识史料。虽然如此，但汤应求该书序刊于乾隆三年(1738)，距离结案时间极近，涉案各级官员不仅大都尚在官场，而且大都是汤应求上司，至于该案所涉及中央到湖北省府州县各级衙门的各类状纸、谳词、详文、批驳、奏折等俱有存档，该案结局对于汤应求而言是姗姗来迟但毕竟还是到来了的正义，因此汤应求不太可能也没有必要篡改文献内容。至于《自警录》的"前略后详式叙述"，本书第一章已经详细说明。本章要解决的，是《自警录》与《警心录》的书名、卷数、版本问题。这个问题可以用这个方式提出：为何汤应求编纂、流传至今的是四卷本《自警录》，但《嘉庆广西通志》和《嘉庆临桂县志》却说是二卷本《警心录》？解答这个问题的最大障碍，在于二卷本《警心录》已佚，目前只能找到二卷本《警心录》的两篇序言。笔者推测：汤应求最初编纂、作序、刊刻者为二卷本《警心录》，后为朱杶辑校改编为四卷本《自警录》，但是二卷本《警心录》至少到1929年以前一直存在于广西。笔者将以倒叙方式，从终点开始，一步步回溯汤应求此书的编纂过程，证明笔者的观点。[②]

一、《自警录》与《警心录》

所谓终点，是迄今为止最晚的古籍版本[③]，是汤应求同乡后辈阳耀祖在道光八年（1828）经"粤东省城西湖街康简书斋"刊刻的《自警录》，藏于中国科学院法学研究所图书馆，其 PDF 文件上传于法国国家研究总署（Agence nationale de la recherche，ANR）赞助的研究项目网站"中国的法制空间（Legalizing Space in China）"。这是刻本，四卷，半页十行，行二十一字，合共近九万字。此外，北京大学图书馆藏有一本，版式相同。④中国社会科学院法学研究所图书馆古籍部亦收有一本。⑤

道光八年阳耀祖《自警录》刻本有汤应求乾隆二年序，汤应求序言和阳耀祖刻本之间相距九十一年。阳耀祖刻本并不是根据汤应求原书而翻刻，而是根据道光四年（1824）朱枟完成的辑校本而刊刻。朱枟本人也没见过汤应求原书，而是根据自己在嘉庆十三年（1808）借到的一个钞本来辑校的。朱枟辑校本对汤应求原书做了大量改动，阳耀祖刻本似乎也对朱枟辑校本做了一些改动。总之，汤应求自序于乾隆二年的原书，连十九世纪的有心人也没亲眼见过，遑论二十世纪及之后的读者。而且，汤应求原书书名本身，也不只是《自警录》这么简单，容笔者详细交代如下。

道光八年阳耀祖《自警录》刻本，卷首凡序言六篇、文章三篇，作者八人（汤应求除自序外尚有《麻城县大狱纪略》一文）。按照卷首原本编次，这九篇序文排列如下：

（1）祝宏躬厚氏，《自警录序》，撰于乾隆元年六月。

（2）陈世信莲字氏，《自警录序》，撰于乾隆元年，不署月份。（按："陈世信莲字氏"为"陈世偡莲宇氏"之误。）

（3）陈鼎志和氏，《自警录序》，撰于乾隆三年三月。

（4）袁枚，《书麻城狱》，不署日期。

（5）陈兰森，《题〈后凋图〉》，不署日期。

（6）汤应求，《麻城县大狱纪略》，撰于乾隆元年二月。

（7）汤应求，《自警录自序》，撰于乾隆二年仲夏。

（8）朱栻，无标题序言，撰于道光四年正月望日。

（9）阳耀祖，《重刻自警录序》，撰于道光八年长至前七日。

这九篇序文中，袁枚、陈兰森二文和朱栻序言是在朱栻辑校本中才出现的，而阳耀祖序言当然也是在阳耀祖刻本中才出现的。而二卷本《警心录》保留至今的，就只有陈世倌、陈鼎序言。二陈序言同见于四卷本《自警录》与二卷本《警心录》，但又有微妙的分别，详见本节第四小节之分析。这里首先介绍阳耀祖的生平。

根据阳耀祖"道光八年长至前七日"的序言，结合民国《灵川县志》等方志，可知阳耀祖是广西桂林府灵川县人，嘉庆十二年（1807）举人，"捧檄岭左逾十年"，在广东新会等地任职知县超过十年。⑥他在籍贯、科举学历、宦业三方面都与汤应求相似，所以特别留心汤应求事迹。他知道汤应求原书"向有镂本在桂林，遍求不得，近于羊城名幕朱云木先生处见所辑钞本"。可见，阳耀祖只是相信汤应求原书有刻本，自己并未亲见，他真正得到的是朱枟辑校本。至于阳耀祖何时、如何结识朱枟，二人过从如何，笔者暂无头绪，但朱枟作为著名刑名师爷，游幕岭南多年，认识阳耀祖，并不奇怪。阳耀祖看了朱枟辑校的《自警录》，认为对于"折狱之道，深有裨益"，就"编校而梓之，披览之余，足以自警，而亦望读是编者同有以自警云"。这句话两度提及"自警"，显然是就着《自警录》书名而发挥。⑦查《自警录》四卷，每卷末页末行下方都有双行小字"粤东省城西湖街康简书斋刊"十二字，可知阳耀祖是委托广州城西湖街的康简书斋而刊刻此书行世。⑧据阳耀祖刻本内的朱枟序言，袁枚《书麻城狱》和陈兰森《题〈后凋图〉》是被"并录卷后"的，但在阳耀祖刻本内，袁枚、陈兰森文章则位于卷首，可见这应该是阳耀祖刻本对朱枟辑校本的改动。

既然阳耀祖刻本是根据朱枟辑校本而刊刻，笔者就要退一步，介绍朱枟辑校本了。

1. 退一步：道光四年朱枟辑校本

朱枟出生于浙江绍兴府萧山县，是活跃于两广的著名"绍兴师爷"，他关心麻城杨氏案，知道汤应求把此案公文编纂成书，但"游西粤多年，遍求不获"。他找到了汤应求后人，得到的却是坏消息，"厥后遇简臣后人询之，知原版亦已散轶"，感到十分遗憾。幸好，虽然汤应求后人连汤应求原书的雕版都保不住，但朱枟本人却于"嘉庆戊辰晤周茶农明府于柳州，偶论及此，茶农箧有钞本，即以见贻，持归急读"⑨。"周茶农明府"就是周廷俊，时任广西柳州府马平县知县，故称"明府"。马平县是在柳州府附郭县，朱枟应该就是在柳州府府城遇见周廷俊，时当嘉庆十三年。朱枟偶然谈起麻城杨氏案，周廷俊竟然有汤应求原书的钞本，还慷慨借予朱枟阅读。朱枟如获至宝，决心根据这个钞本，做一个辑校本。兹抄录朱枟序言的原文以说明之：

　　惟所得钞本鲁鱼满幅，漏页复多，且原编体例未立，繁简不称，爰于暇日悉心雠校，侔色揣称，正讹字，删重文，立篇目，采取叙文及谳语内所有之词，补其遗牍。其不可补及前后不相联络者，则加以按语贯之，修辑经年，始成全书，卷帙书名仍循其旧。⑩

朱栻指出，周廷俊钞本有相当多的错别字和阙漏页，而原书本身的体例亦有不妥，部分篇幅过长，部分篇幅过短。于是，朱栻不仅修改错别字，还凭着自己对于清朝司法制度的丰富经验和专业知识，删除重复部分、自行订立文件标题、补写遗漏部分，遇有无法补写或前后不连贯之处，则加上按语。朱栻序言自署曰"时道光四年岁在甲申，正月望日云木朱栻识于粤东柏署之喜雨亭"。从嘉庆十三年朱栻借到周廷俊钞本算起，至道光四年元宵节，这项辑校工作耗时十六年。[⑪]是为朱栻道光四年辑校本。

另外，朱栻还说，袁枚《书麻城狱》是根据传闻写成的，颇多错误；陈兰森《题〈后凋图〉》则相当正确妥帖，因此把袁枚、陈兰森文章"并录卷后"，应该就是作为附录收进其辑校本末尾之意。但是，阳耀祖刻本则把袁枚、陈兰森文章移入卷首，已如前述。关于陈兰森《题〈后凋图〉》一文，值得多花一些笔墨交代。陈兰森是清朝名臣陈宏谋的孙子，论身份算是汤应求的同乡兼晚辈。《题〈后凋图〉》一文，是陈兰森对书画家刘乃大（字有容）歌颂汤应求事迹的《后凋图》这幅画的题记。可惜朱枟、陈兰森、刘乃大都没有文集传世，笔者无法查出朱枟如何找到陈兰森此文，也找不到刘乃大这幅画作，只能这样推敲。陈兰森说自己"私识公于楚中"，曾在湖北见过汤应求。[12]查陈兰森生于雍正十二年（1734），卒于嘉庆九年（1804）[13]，而汤应求最晚于乾隆十三年（1748）离开湖北利川县到安徽凤阳府担任同知，见本书第二章第一节。也就是说，陈兰森十四岁前在湖北见过汤应求这位前辈同乡一面，陈兰森又提及汤应求"擢司马，卒于官"[14]，可见，陈兰森《题〈后凋图〉》当然不可能撰写于十四岁前，也不可能撰写于乾隆十八年（1753）汤应求逝世之前，陈兰森中进士是在乾隆二十二年，所以该文应该撰写于乾隆中后期。

陈兰森《题〈后凋图〉》一文还有一奇特线索。他说"公自著《自警编》"[15]，如果不是阳耀祖刊刻时的手民之误，则《自警录》原来又有另一书名《自警编》？笔者将在本节第四小节综合考证分析之。

　　阳耀祖道光八年刻本根据朱枟道光四年完成的辑校本而刊刻，朱枟根据嘉庆十三年从周廷俊手上借来的钞本而辑校，笔者自应再退一步，追查这个周廷俊钞本的来历。

2. 退两步：嘉庆十三年前完成的周廷俊钞本

　　可惜，朱枟并没有确切提及周廷俊钞本的书名，笔者也找不到周廷俊这个钞本原书，更查不出周廷俊如何得到这个钞本，甚至连周廷俊生平事迹，笔者亦所知不多，只知周廷俊是直隶顺天府宛平县人，乾隆五十九年(1794)举人，字子及，号茶农，任广西柳州府马平县知县，著有《味雪庐诗稿》。据周廷俊同乡兼晚辈李云章说，嘉庆十三年戊辰(1808)，周廷俊遭到贬谪，"罣议留粤"，住在"杉湖"这个地方，与李云章及当地文士唱和度日。[16]这一年，正好就是朱枟在柳州遇见周廷俊并从他手上借到汤应求原书钞本的一年。论籍贯，周廷俊生于日下，汤应求出自粤西，相距甚远；论年龄，乾隆五十九年中举的周廷俊，比起康熙五十九年中举、乾隆十八年逝世的汤应求，晚了至少两辈。但周廷俊任职广西期间，搜集到汤应求原书的钞本，又结识了朱柽这位有心人，从而把汤应求原书的钞本借给朱柽，这大概就是历史缘分吧。然而，这样说，等于用历史情怀代替历史考证，笔者不甘以"情怀党"的姿态草草收兵，而宁愿"冒险"作出以下推测：广西柳州府附郭县马平县知县周廷俊，在嘉庆十三年戊辰（1808）把汤应求原书钞本借予朱柽，则该钞本必然在1808年周、朱二人见面前就已经出现。而在1808年前七年，即嘉庆六年（1801），广西发生一件文化大事：《广西通志》之编纂。正是嘉庆六年成书的《广西通志》、七年成书的《临桂县志》内，保存了汤应求生平和著述的珍贵资料。周廷俊拥有汤应求原书之钞本，可能就是拜省志编纂而引发的广西文献编纂和征集热潮所赐。

《广西通志》之编纂，是谢启昆的文化工程和绝笔之作。谢启昆于嘉庆四年末从浙江布政使升任广西巡抚，七年七月卒于任上。[17]他一到任就派遣追随自己多年的幕友兼著名朴学学者胡虔编纂《广西通志》。通志局就设于广西省城桂林的秀峰书院，嘉庆五年正月十六日开局。嘉庆六年四月，二百八十卷《广西通志》书稿完成，缮写正本；十月，由谢启昆连同两广总督、广西学政进呈御览；十二月六日，得清仁宗"该部知道，通志书留览"的朱批。嘉庆七年二月，书稿开雕；九月，刻印完成。[18]可见《嘉庆广西通志》刻本之面世，必定在嘉庆七年九月之后，但是，按照版本目录学的惯例，一般以嘉庆六年为该志成书年份。

《嘉庆广西通志》的总纂胡虔，是清朝朴学时代的健将之一，精于历史、舆地、方志之学，他的学术能力毋庸置疑。只是，胡虔是安徽桐城人，嘉庆四年末以幕友身份随谢启昆入广西，五年正月十六日开通志局，六年四月即完成二百八十卷的通志全稿并上呈御览，为期仅十四个月，何其神速！不过，只要稍稍了解古代方志编篡过程，对此便可谓见怪不怪。盖胡虔作为外地学者，要编篡一省之通志，虽有巡抚的权威与支持，但技术上和政治上都不可能从零开始，也不能事事亲为，必然要借重广西各地原有方志和本地学者，毕竟，地方志在很大程度上只是对当时当地文化精英的话语权的确认。[19]在《嘉庆广西通志》为数五十九人的编篡者名单上，在编篡胡虔一人之前，有总裁、监修、督修、采辑等二十九人，都是两广总督、广西巡抚以下各官员，不问可知，他们只能对胡虔提供行政和财政支持。编篡胡虔之下，又有分篡九人，还有校对、分校、督刻、监理、绘图等二十人，同样不问可知，最后这二十人负责后期制作。因此，真正的编篡者，是总篡胡虔一人、分篡九人。笔者不清楚这十位编篡者的分工情况，以今度古，料想这九名分篡应该就像现代科研项目的子课题负责人一样，被总篡胡虔指派编篡任务，刻期计工。这九名分篡之中，"布衣朱依真"最值得注意。[20]因为笔者相信正是朱依真和他的族人朱依炅编篡的《临桂县志》，把汤应求事迹和著述带进了《嘉庆广西通志》。

朱依真,号小岑,出身桂林府临桂县,是清代著名文人和诗人,袁枚推之为"粤西诗人之冠"。[21]嘉庆三年(1798)四月,临桂县文庙崇圣祠因日久失修而崩塌,临桂县士人因重修县学,顺带建议重修县志,是年"仲冬月",知县蔡呈韶为筹款重修文庙、编纂县志之举撰序,等于启动县内两大文化工程。[22]朱依真说,蔡呈韶委任他和他族人朱依炅(芝圃)编纂县志,但朱依炅赴京任职翰林院检讨,县志编纂工作因此落到朱依真头上。嘉庆五年,谢启昆在省城桂林秀峰书院开设通志局,任命胡虔为总纂,朱依真作为九名分纂之一,与胡虔关系"最为亲密,日以(临桂)县志相商榷,而侯(临桂县知县蔡呈韶)亦属雒君(胡虔)裁订焉"。等到嘉庆六年《广西通志》成书之后一年,即嘉庆七年,《临桂县志》"始竣事"。[23]在当前图书编目上,《嘉庆临桂县志》的编纂者是胡虔、朱依真,但如果综合考察胡虔随谢启昆入抚广西、《嘉庆广西通志》成稿刊刻与《嘉庆临桂县志》的编纂过程，以及古代中国地方志编纂的惯例，应该会明白朱依真和朱依昬在嘉庆四年已经从事临桂县志之编纂。朱依真说"予仅事编辑，如抄胥耳"[24]，谦辞而已。如果只看二志成书年份，会以为是《嘉庆临桂县志》抄录《嘉庆广西通志》，但是，从二志的实际编纂过程来考察，则应该相反，是《嘉庆广西通志》抄录《嘉庆临桂县志》，或者更慎重地说，是《嘉庆广西通志》取材于《嘉庆临桂县志》稿本、吸纳临桂县本地文史知识。绝不可能因为胡虔这位外地著名学者随新任广西巡抚谢启昆来到桂林编纂全省通志，临桂县当地人才知道有汤应求其人和《警心录》其书！

简言之，笔者找不到朱枟辑校本所依据的周廷俊钞本，只知道这个钞本在嘉庆十三年以前已经出现。笔者推测，这个钞本，可能是嘉庆十三年以前近十年间《嘉庆临桂县志》和《嘉庆广西通志》编纂所引发的广西文献搜罗与征集热潮的成果之一。但是，这两本方志揭示的最重要线索，就是汤应求编纂二卷本《警心录》。没错，不是四卷本《自警录》，而是二卷本《警心录》！笔者虽然找不到二卷本《警心录》，但依然不甘心以史料佚失为由而止步，仍然希望"冒险"处理《警心录》问题。

3. 退三步：嘉庆六年《广西通志》、七年《临桂县志》内的《警心录》

根据嘉庆六年《广西通志》、七年《临桂县志》，汤应求《警心录》一书，卷数二卷，存佚状态为"存"，并收录陈世倌乾隆元年序、陈鼎乾隆三年序。[25]除此以外，再无更多有关二卷本《警心录》的资料了。或问：退到这一步，还有什么文章可做？对曰：有！兹分三点交代。

第一，正如上一小节指出，《嘉庆临桂县志》成书晚于但实际编纂年份早于《嘉庆广西通志》，《嘉庆广西通志》有关临桂县部分实际上取材于《嘉庆临桂县志》。汤应求二卷本《警心录》，曾为《临桂县志》编纂者朱依真、朱依岊所寓目，进入临桂县本地文史知识体系之中，直到嘉庆七年《临桂县志》成书为止。因而朱坛于嘉庆十三年从周廷俊手上借到的钞本，很有可能也就是汤应求二卷本《警心录》的钞本。

第二，以嘉庆二十五年（1820）为纂修下限，成书于道光四年，有道光二十二年清宣宗序言的嘉庆朝《大清一统志》中，也有汤应求的简单传记，并说他"著《警心录》二卷"㉖。当然，天下文章一大抄，可以假设成书于道光四年的《大清一统志》不过抄录《嘉庆广西通志》而已。

第三，刊行于1929年的《民国灵川县志》，说汤应求著《警心录》，但卷数却是一卷。㉗汤应求《警心录》从二卷变为一卷，如果不是笔误的话，也许意味着民国初年《灵川县志》的编纂者仍能看到汤应求《警心录》原书，只不过该书自乾隆初年面世至民国初年，历时近二百年，卷数已经由二卷折损为一卷。

综合以上三点可见，虽然汤应求二卷本《警心录》今已佚失，但从该书二陈序言到1929年《民国灵川县志》的记载，也许可以证明汤应求二卷本《警心录》接近二百年的存在及其卷数折损情形。

笔者在本节开首即指出，陈世倌、陈鼎序言，同见于四卷本《自警录》与二卷本《警心录》，但又有微妙的分别，现在是时候交代了：《嘉庆临桂县志》和《嘉庆广西通志》保留的二卷本《警心录》卷首的陈世倌序言说"原任麻城令静江汤简臣《警心录》一编"，陈鼎序言说"汤君已刻是集，名曰《警心录》"。㉘但是，在四卷本《自警录》内，二陈序言这两句却分别是"原任麻城令静江汤简臣《自警录》一编"和"汤君已刻是集，名曰《自警录》"㉙。《警心录》与《自警录》，书名各异；四卷与二卷，卷数各异；二陈序言，字句基本一样，但提及汤应求此书书名的两句却又各异。应如何解释？为何朱枟辑校、阳耀祖刊刻的，不是二卷本《警心录》而是四卷本《自警录》？同样奇怪的是，在四卷本《自警录》内，卷首陈兰森文章《题〈后凋图〉》又称汤应求此书名为《自警编》。汤应求此书竟然有三个名字：警心录、自警录、自警编。究竟是怎么回事？笔者因此要再退一步，回到起点，推测汤应求乾隆元年至三年刊刻麻城杨氏案一书的情形。

4. 退四步：乾隆三年汤应求序刻本

笔者推测：二卷本《警心录》确实是汤应求编纂刊刻，亦为《嘉庆临桂县志》和《嘉庆广西通志》编纂者所见或所知，因此二志记录了二卷本《警心录》的书目资料并收录其中的陈世倌、陈鼎序言。但二志编纂者尚未知道《自警录》的存在，因为《自警录》是汤应求和朱枟后来扩充修订的成果。

必须澄清：笔者并不是随意地以为一书一名，二名则二书，因而《警心录》和《自警录》就是二书。毕竟中国书籍史上同书而异名异卷，是常见现象。例如，明田艺蘅有三十九卷本《留青日札》，乔时敏节录成六卷本并取名《留留青》，谢国桢最初以为是二书，仔细翻看二书内容，才明白是同一书。[30]笔者也并不是天真地因为四卷本《自警录》卷首九篇序文、二卷本《警心录》卷首两篇序言，就推出《自警录》与《警心录》是二书的结论，毕竟二卷本《警心录》原书已经佚失，我们看到的只是《嘉庆临桂县志》和《嘉庆广西通志》保存的二卷本《警心录》的陈世偏、陈鼎序言而已。[31]有人或会质疑：陈兰森是广西名宦陈宏谋孙子，为何《嘉庆临桂县志》和《嘉庆广西通志》编纂者在记录《警心录》书目资料时，不收陈兰森《题〈后凋图〉》一文？笔者推测，这两本方志的编纂者当然不会不知道陈兰森的来头，但未必知道他曾撰写《题〈后凋图〉》一文；即使知道，也可能因为嘉庆六年陈兰森被贬谪而有所顾虑，不予收录。[32]

一项反面的推论是：如果《嘉庆临桂县志》和《嘉庆广西通志》编纂者意识到二卷本《警心录》与四卷本《自警录》的存在，多半会选择内容更丰富、卷帙更多的版本，或有所注记曰另有一版本存在，为何却只保留二卷本《警心录》的书目资料和二陈序言？

或问：汤应求有何必要就麻城杨氏案先后编纂《警心录》和《自警录》？这项质疑并不难回应，《警心录》是汤应求的初编本，《自警录》是汤应求的增订本，后来再由朱栻根据钞本辑校，这不是顺理成章吗？

诚然，由于二卷本《警心录》原书今已不存，以上种种商榷，都诉诸"默证"，这是逻辑上的谬误。只是，逻辑上的"默证"谬误，只有在推论者强求结论时才会成为问题。此处不妨援引柯文教授历史三调论的观点：只要我们不强求史家做他们实际上做不到的事情（彻底重构历史过程），则历史研究毕竟不是完全徒劳无功的（all is not lost）。[33] 以下是笔者自知并无十足证据的推论。

第一，汤应求的《麻城县大狱纪略》，自署曰"乾隆元年丙辰二月初九日由西陵赴省静江汤应求简臣氏记于一叶舟中"[34]。西陵即麻城，汤应求当时正从麻城经水路前往省城武昌，这篇将近一千五百字的纪略，相当于全书的提要。查陈鼎于雍正十三年七月二十四日抓捕杨氏，从而翻案，史贻直以署理湖广总督身份于乾隆元年二月十七日开审，三月二十日推出麻城杨氏案的定本，所以汤应求于乾隆元年二月初从麻城前往武昌，应该是去参与史贻直的审讯。汤应求立定决心把此案原委编纂成书，卷首有祝宏乾隆元年六月序、陈世倌乾隆元年序、陈鼎乾隆三年三月序、汤应求乾隆元年二月九日《麻城县大狱纪略》一文、汤应求乾隆二年仲夏自序。按照书目学惯例，一般以最晚的序言及陈鼎乾隆三年三月序以后为刊刻年份，是为汤应求乾隆三年序刻本二卷本《警心录》。

第二，二卷本《警心录》为《嘉庆临桂县志》编纂者朱依真所见所知，因而朱依真将书目资料和二陈序言载入志内，此又为《嘉庆广西通志》《大清一统志》《民国灵川县志》等递相沿袭。

第三，汤应求也许在乾隆三年刊刻《警心录》后、乾隆十八年逝世前，继续修改扩充该书，并且把书名从《警心录》改成《自警录》。

第四，陈兰森文章《题〈后凋图〉》称汤应求此书名为《自警编》，考虑到陈兰森逝世于嘉庆九年[35]，则似乎在乾隆三年《警心录》面世后、嘉庆九年陈兰森逝世前的六十多年间，此书开始有另一名称曰《自警编》。又或者在此六十多年间，陈兰森得知汤应求此书名为《自警录》但误记成《自警编》。[36]可惜笔者迄今为止找不到陈兰森的存世著作，也找不到周廷俊钞本和朱坛辑校本原稿，只能看到阳耀祖刊刻本，无从查对。

第五，嘉庆十三年朱坛从周廷俊手上借到汤应求《警心录》或者《自警编》的钞本，花费十余年时间，在道光四年完成辑校时，把原书二卷改编成四卷，把书名《警心录》也改为《自警录》，并且出于刑名师爷的"职业病"，心思缜密，把卷首陈世倌、陈鼎、汤应求序言、陈兰森文章内提及汤应求此书的书名也统一剟改为《自警录》，道光八年阳耀祖刊刻朱坛辑校本，则照单全收，但陈兰森文章内的书名却因手民之误而刊刻为《自警编》。

第六，为何不可以是汤应求自己决定把书名从《警心录》改为《自警录》或《自警编》？笔者确实不能完全排除这一可能。陈世倌、陈鼎的序言既已写明此书是《警心录》，汤应求如果要修改书名，似乎应该征得二陈同意。查汤应求逝世于乾隆十八年，而陈世倌逝世于乾隆二十三年[37]，至于陈鼎，笔者找不到其生卒年份，但料想陈鼎作为陈世倌侄儿，应该逝世更晚于陈世倌，汤应求逝世之前，确实有可能就修改书名一事请示二陈。当然这也纯属猜测。

第七，无论是汤应求或是朱枟还是另有其人把《警心录》改名为《自警录》，虽然理由费解，但都毋庸深究。何谓理由费解？中国书籍史上，刊刻者出于商业考虑修改书名、增删伪造序言字句、附会名人，确实常见。[38]但是，汤应求并非名人，此书亦非善本，朱枟辑校、阳耀祖刊刻《自警录》，看不出有什么商业动机，而毋宁说是汤应求出于对自己惨痛经历之交代，朱枟出于对司法公正之追求，阳耀祖出于对桑梓前贤之尊重。既然如此，何必剜改书名？如果看不出把书名从《警心录》改为《自警录》就有利于营销的话，那么同样看不出"警心"二字有何犯忌犯讳之处。会不会是因为南宋赵善璙编纂了《自警编》，清初李毓之编撰了善报故事集《警心录》[39]，汤应求或朱枟担心混淆，所以更改书名为《自警录》？但其实也早有人用《自警录》命名其书，如南宋鲁訔、元徐泰亨、明莲池祖师。[40]汤应求或朱枟改书名为《自警录》，又不担心混淆？何谓毋庸深究？大抵书名相同而作者不同，即所谓异书同名，不乏先例，如元金履祥和清张伯行都各编撰《濂洛风雅》，明朱存理和都穆都各编撰《铁网珊瑚》，顾炎武和汪坦都各编撰《日知录》。[41]同一作者同一书而有超过一个书名，即所谓同书异名，也不乏先例。最著名者如《老子》又称《道德经》，《战国策》原名《短长》，《吕氏春秋》又名《吕览》，司马迁《史记》原名《太史公书》，《淮南鸿烈》又称《淮南子》，《风俗通义》又称《风俗通》。[42]晚近例子则如明胡缵宗《拟汉乐府》又名《舆上集》[43]，明高承埏《自靖录考略》又名《崇祯忠节录》，清安和先生《警富新书》又名《七尸八命》。[44]先例俱在，《警心录》变成《自警录》，似乎也就见怪不怪了。

总之，以上种种推敲猜测，都有"默证"的缺陷：

《警心录》原书、周廷俊钞本原稿、朱枟辑校本原稿都不存在。《自警录》卷首九篇序文，只袁枚《书麻城狱》又见于袁枚本人文集，其余祝宏、陈兰森、陈世倌、陈鼎、汤应求都无存世文集，因此，《自警录》卷首所载文章，竟成这五人著述的孤本。刊刻于道光八年的四卷本《自警录》，也成了麻城杨氏案的唯一文本，尽管我们知道此书有另一版本曰二卷本《警心录》，还可能有另一书名曰《自警编》。

其实，就麻城杨氏案的文本历史而言，汤应求编纂《自警录》之外，还另有乾坤。笔者至少找到了两个从麻城杨氏案演变出来的文本：一是袁枚的笔记《书麻城狱》，最晚刊行于乾隆四十年(1775)；一是根据麻城杨氏案编写的戏曲《一线天》，由汤应求孙子汤荩忠披露于乾隆五十七年(1792)，可惜找不到更多有关此戏曲之资料。关于戏曲《一线天》的记载年份虽然晚于笔记《书麻城狱》，但笔者相信，民间戏曲"野蛮生长"于前，文人"收割提炼"于后，比较符合实际情况，因此"冒险"判断：戏曲《一线天》出现在前，袁枚《书麻城狱》出现在后。

二、片言只语《一线天》……

本节与上一节探讨的汤应求《自警录》的版本流变，并非同一回事。上一节探讨汤应求《自警录》的版本流变，交代《自警录》之编纂缘起、书名、卷数、版本的变化。而本节和下一节，则处理麻城杨氏案从司法档案衍生成为戏曲、提炼成为笔记的嬗变过程。麻城杨氏案结束于乾隆元年(1736)的金张版本，但其文本嬗变的过程才刚刚开始。这个案件在文人著述、地方史志、宗族谱牒内的主要共同特征，就是果报灵异情节，中国法制史研究者对于司法文本变化为果报灵异故事并不陌生，但是，每宗案件从司法档案"变种"为其他形式的文本，过程复杂，值得仔细追踪。⑮

毫无疑问，袁枚收入其《小仓山房文集》的笔记《书麻城狱》，是迄今为止有关麻城杨氏案影响最深远的文本，但并非唯一文本。福建文人郑澍若刊行于咸丰元年(1851)的《虞初续志》，披露了汤应求孙子汤荩忠的重要线索，笔者在第二章第一节已介绍之。此外，郑澍若还提供了有关麻城杨氏案文本嬗变的重大线索，全文如下：

> 郑醒愚曰：岁壬子，同乡魏简斋偕其亲串汤荩忠自西粤来，主余家，述其祖应求公令麻城，以杨涂讼事，几罹不测，人知其冤，莫谁何也。既而狱直，好事者为谱传奇，名《一线天》云，因属余为文记之，以告后来。壬戌，得子才集读之，则《书麻城狱》一篇，与荩忠所述，不爽毫发，遂焚余文。盖余之文，或冀以麻城之事而传。得子才书之，则奸民之诈伪、猾吏之诪张，尽情毕露，应求公以斯文而不朽矣，文字攸关，岂浅鲜哉。⑯

"醒愚"是郑澍若的字号，据郑澍若《虞初续志》封面，此书"重刊"于咸丰元年，但郑澍若序言则撰写于嘉庆七年(1802)。[47]查郑澍若于嘉庆十五年庚午(1810)[48]中举，因此，"岁壬子"只能是乾隆五十七年壬子(1792)，是年，郑澍若同乡魏简斋，把自己来自广西的亲戚汤荩忠介绍给郑澍若，担任郑家塾师。汤荩忠称呼汤应求为"祖"，从字面和年份考虑，汤荩忠应该就是汤应求的孙子。汤荩忠向郑澍若讲述祖父汤应求审理麻城案无辜受害但最终得到平反的事迹，还说有人把麻城案编成传奇，名为《一线天》。汤荩忠请求郑澍若撰文记录麻城案和汤应求事迹，郑澍若答应并且写成了。"壬戌"，即嘉庆七年，郑澍若序其《虞初续志》之年。郑澍若读到袁枚文集，认为袁枚《书麻城狱》一文与汤荩忠告诉自己的情况完全一样，袁枚写得比自己更好，汤应求的正直形象也将通过袁枚《书麻城狱》而流传永久。于是，郑澍若就把自己应汤荩忠请求而写的有关麻城案的文章烧掉了。焚烧自己文章，真有文人之豪气和大度，也甚有仪式感，但世间从此少了一份有关麻城杨氏案的文本，不得不令史家感到惋惜。

根据郑澍若以上的宝贵记载，汤应求孙子汤荩忠在乾隆五十七年投奔郑澍若，担任郑家塾师，说有人把麻城案编成传奇《一线天》，可知这传奇《一线天》最晚出现于乾隆五十七年之前。本来，把司法案件改编为戏曲、小说等文学作品，古今中外皆然，明清时期尤其普遍。例如，明末权倾朝野的宦官魏忠贤自缢于天启七年（1627）十一月，翌年，即崇祯元年（1628），就有《魏忠贤小说斥奸书》面世，最早的序言竟是崇祯元年五月。[49]因此，有人把麻城杨氏案编成戏曲，绝对不奇怪。可惜，迄今为止，笔者找不到这《一线天》的下落。[50]郑澍若引述汤荩忠者谓"好事者为谱传奇名《一线天》云"，就成孤证了。虽然"孤证"不一定"不立"，但总有单薄之憾。[51]

幸好，笔者无意中在王柔传记中找到了相应的证据。王柔是山东登州府福山县人，庚子国难期间殉国的王懿荣，就源出这个宗族。王柔父亲王㳺，康雍间九试乡试不第，在广西土司地方任职知府。王柔也与父亲及汤应求一样，以"拣选"进入官场，但汤应求宦途甚不得意，王柔则甚为成功，从湖南永州府同知开始，居然在雍正十一年（1733）升至湖北按察使，接替唐继祖。[52] 因此，王柔也参与了麻城杨氏案的审理工作，汤应求《自警录》内，也收有一篇呈递给湖北巡抚德龄、湖北按察使王柔的禀文。[53] 可能由于王懿荣殉国后受到朝廷高度褒奖抚恤，民国《福山县志稿》收录了王柔上下三代成员的长篇传记，而王柔传记内，竟有这样一段：

> 平反麻城县民涂如松毙妻杨氏身死一案，意见与总督龃龉。总督以"好立新奇，不宜刑名"奏劾，秋审已入情实。杨氏自外生还，卒如柔言，昭雪奇冤三命。湖北省会一时编有《一线天传奇》，又名《楚江清》，争颂柔贤明。[54]

由此可见，汤荩忠所言非虚。麻城杨氏案平反后，确实有人将之编成《一线天传奇》。王柔传记还补充了更多资料：《一线天传奇》又名《楚江清》，而且在湖北省城武昌上演。这很合理，武昌作为省会、作为大都市，无论是刊刻曲本还是上演戏曲，都是理想地点。何况武昌也是全湖北有关麻城杨氏案的最权威资讯发布地点。至于王柔传记或"汤冠王戴"，把麻城杨氏案主角汤应求误作王柔，或"陈冠王戴"，把抓捕杨氏、平反冤狱的陈鼎误作王柔，或"吴冠王戴"，把坚持平反杨氏冤狱的吴应棻误作王柔，对本书而言，反而是小事。另外，湖广总督迈柱也确实上呈密折，弹劾王柔自辰沅道升任湖北按察使后"性情乖张，好尚新奇"，这应该就是上引民国《福山县志稿》所谓总督弹劾王柔"好立新奇，不宜刑名"之所本。但是，迈柱指摘王柔审讯出错的并非麻城杨氏案，而是安陆府知府伟瑅涉嫌受贿案。详见本书第二章第二节。可惜的是，王柔传记再也没有涉及《一线天传奇》或《楚江清》的更多线索。更加可惜的是，王柔传记这一段也没有披露《一线天传奇》或《楚江清》的上演年份，而收录王柔传记的民国《福山县志稿》，又是比郑澍若《虞初续志》晚出的史料，因此笔者有关《一线天》的史学推理工作又回到原点：汤应求孙子汤荩忠，于乾隆五十七年壬子披露，有人把麻城杨氏案编成传奇《一线天》（又名《一线天传奇》或《楚江清》）。此说得到王柔传记佐证，可惜王柔传记之史源不详。[55]

即使如此，笔者仍相信，司法案件或真实历史被改编为民间故事、戏曲，流传既广，然后为文人作家所注意，提升为笔记、小说，比较符合历史过程。中国古典小说之中，除《红楼梦》是作者曹雪芹根据自身经历创作之外，《西游记》《三国演义》《水浒传》《金瓶梅》《儒林外史》等均非作者原创，而是作者把现存之多个文本和片段综合提炼而成。因此，就麻城杨氏案的文本嬗变而言，笔者愿意在缺乏实际史料证据的情况下，"冒险"判断：戏曲《一线天》出现在先，袁枚将之提炼改编为笔记《书麻城狱》。

三、《自警录》与《书麻城狱》

《一线天》一字不存，《自警录》繁难晦涩，真正让麻城杨氏案广为人知的文本，是袁枚的笔记《书麻城狱》。⑤⑥就笔者所见，1851 年的《虞初续志》、1878 年的《折狱龟鉴补》、1915 年署名俞樾的《精选随园文钞》、1917 年的《折狱奇闻》与《清稗类钞》等都转载该文。⑤⑦原因有三。其一，袁枚是十八世纪名士，犹如今天"自带流量""十万加"的"大 V"，其"粉丝"无数，敌人众多（如章学诚），因此袁枚一言一行一书一文，都得到其支持者和反对者的高度重视，其"影响因子"故而极高。其二，收录《书麻城狱》的《小仓山房文集》，从乾隆后期开始不断增刻再刊，因为袁枚本人的大名，此书广为人知，流传极广，《书麻城狱》为人注意的概率也因此极高。其三，相对而言，《自警录》篇幅较大，将近九万字，虽有按语，毕竟以各级衙门之判牍文书为主，读者如果对于明清法司法文献没有一定的认识和兴趣，如果没有一定的排比、综合史料的能力，甚难通读破解。而《书麻城狱》只一千一百三十八字，出自袁枚手笔，刻画生动，角色鲜明，悲惨处、恐怖处、悬念处、光明结局处，处处扣人心弦。因为这三点原因，公众对于麻城杨氏案的理解，长期为袁枚《书麻城狱》所左右。本节既然探讨麻城杨氏案的文本嬗变，当然不能绕过袁枚《书麻城狱》。但是，首先出现的问题，也是颇难解答的问题就是：《书麻城狱》究竟撰写于何年？因此，笔者又不得不做一番版本考证工作。

袁枚才高八斗，寿享遐龄，著述极为丰富，对刊刻文字也十分热心。郑幸指出，袁枚刻书活动分为三阶段，第一阶段为乾隆十三年（1748）定居随园以前，第二阶段为定居随园至嘉庆二年（1797）逝世，第三阶段为嘉庆二年后。第一阶段只刊刻三种：由门人秦大士刊行袁枚制艺文集《袁太史稿》一种，又由门人谈羽仪刊行袁枚早年诗文《双柳轩诗集》《双柳轩文集》二种，时间大约在乾隆十一年；第三阶段是袁枚亲友和书贾的刊刻。因此，只有第二阶段是袁枚亲力亲为者[58]，这一阶段的主要出版成果就是《小仓山房诗文集》《随园全集》等。

笔者原本对《双柳轩文集》寄予厚望，因为该书刊行年份大约在乾隆十一年，时麻城杨氏案尚有舆论上的余温，而且袁枚自乾隆七年五月离京南下，至乾隆十三年秋辞官，六年间历任江苏江宁府溧水县、江浦县及海州直隶州沭阳县、江宁府江宁县四县知县[59]，对于知县政务有亲身经验。再加上他在京师期间受知于为麻城杨氏案翻案的户部尚书史贻直，如果说袁枚从史贻直处探听得案件细节，加上从其他各种渠道得到的信息，再结合他六年间四任知县的亲身经历，因此写下《书麻城狱》并收入《双柳轩文集》，未尝不是顺理成章的。不过，《双柳轩文集》凡二十二篇文章，并无《书麻城狱》。[60]确实收录《书麻城狱》的，是袁枚《小仓山房文集》卷九。

于是，问题变成：袁枚《小仓山房文集》刊行于何时？答案原来并没有想象中简单。

乾隆四十年乙未（1775），袁枚六十岁，刊行《小仓山房全集》，其中包括《小仓山房文集》二十四卷、《小仓山房诗集》二十卷、《小仓山房外集》六卷，共五十卷。[61]此后陆续扩充卷帙，以《随园全集》《随园三十种》等名义刊刻，文集增至三十五卷，诗集增至三十八卷补遗二卷，外集增至八卷。[62]这是就全集之刊刻而言。其实早在乾隆四十年《小仓山房全集》刊刻之前，袁枚已有单刻作品行世，除上文指出的《双柳轩诗集》《双柳轩文集》外，乾隆三十四年己丑（1769），蒋士铨就撰写了歌行体《题随园骈体文》，作为《小仓山房外集》的序言。

此外，更不用说，袁枚游历四方，宴会频繁，唱酬既多，随时把最新诗文寄赠友人，因此，不仅收入《书麻城狱》的《小仓山房文集》可能早在乾隆四十年以前已有单刻本行世，而且《书麻城狱》本身可能早由袁枚以书信文字形式流传于师友门生之间。不过，在找到确切文献证据之前，还是应该以乾隆四十年为《书麻城狱》面世的日期。[63]

就麻城杨氏失踪案而言，袁枚《书麻城狱》影响力太大了，以至于朱枟在道光四年完成的《自警录》辑校本内，也收进袁枚这篇一千一百三十八字的文章。但是，《自警录》记载的真实案情，与袁枚《书麻城狱》有显著差异，笔者首先交代一些不太重要的细节方面的异同。

(1)《书麻城狱》："麻城涂如松，娶杨氏，不相中，归辄不返。如松嗛之而未发也。"[64]袁枚说杨氏与涂如松关系欠佳，经常归宁，迟迟不回夫家，涂如松憋着气，没有发作。但是，《自警录》中并没有相似记载。

(2)《书麻城狱》："亡何，涂母疾，杨又归，如松欲殴之，杨亡，不知所往。两家讼于官。杨弟五荣疑如松杀之。"[65]袁枚说涂如松母亲病倒，杨氏非但没有照顾，反而又回娘家，涂如松气得想殴打杨氏，杨氏就逃离夫家，失踪了。但是，根据《自警录》，杨氏归宁是在雍正八年正月十三日，返回夫家是在同月二十四日，并没有说杨氏故意在涂如松母亲病倒后返回娘家。综合以上两点，可知袁枚版本中，杨氏形象更加负面，但《自警录》

中并没有相似记载。如果结合《自警录》提及冯大婶婶罗氏归宁这一点，则已婚妇人于农历新年期间回娘家是十八世纪麻城一带的风俗，杨氏此举并无不妥。又，袁枚说杨五荣是杨氏弟弟，"杨弟五荣"⑥，据《自警录》，杨五荣是杨氏哥哥。

（3）《书麻城狱》：杨氏平日与冯大通奸，逃离夫家后，"匿（冯）大家月余，（冯）大母虑祸，欲告官"⑥。《自警录》也说杨氏与冯大通奸，但指出冯大窝藏杨氏的地点不是冯大家里而是冯大婶婶罗氏家中，因为罗氏正好也归宁，罗氏从娘家返回，发现杨氏，打算告官，所以冯大才要转移窝藏杨氏的地点。

（4）《书麻城狱》：冯大将杨氏下落通知杨五荣，杨五荣通知杨同范，"同范利其（杨氏）色，曰：'我生员也，藏之，谁敢篡取者。'遂藏杨氏复壁中，而讼如松如故"⑥。袁枚说杨同范贪图杨氏美色，于是窝藏杨氏，继续控告涂如松杀妻埋尸，把杨同范说得十分阴险邪恶。但《自警录》只说杨同范匿藏杨氏、控告涂如松杀妻，没有说杨同范贪图杨氏美色。

(5)《书麻城狱》："逾年，乡民黄某瘗其僮河滩，浅，为犬爬唊。"[69] 袁枚说乡民黄某的仆人死亡，黄某把他埋在河滩。乡民黄某就是《自警录》里面的举人董僎五，黄某的仆人就是卢斋公。"董僎五"讹误为"黄某"，可见袁枚的资料来源可能是文字而非口述，因为"董""黄"二字形近音不甚近也。

(6)《书麻城狱》："刑书李献宗。"[70] 据《自警录》，实为"李宪宗"。

(7)《书麻城狱》："高（人杰）掠如松等，两踝骨见，犹无辞。乃烙铁索，使踞，肉烟起，焦灼有声，虽（汤）应求不免，皆不胜其毒，皆诬服。"[71] 袁枚绘声绘色地描述高人杰严刑拷打涂如松的惨酷过程[72]，而《自警录》则只提及李宪宗等人遭受夹讯、棍敲的日期和次数。

(8)《书麻城狱》："如松瞀乱，妄指认抵拦。初掘一冢，得朽木数十片，再掘，并木无有，或长髯巨靴，不知是何男子。最后得尸，足弓鞋，官吏大喜，再视，髑髅上鬖鬖白发，又惊弃之。麻城无主之墓，发露者以百数。"⑦袁枚说高人杰严刑拷打涂如松、李宪宗等，逼他们交出杨氏头发、脚骨、血衣。涂如松遭受严刑，只好胡乱作供，高人杰命衙役根据涂如松口供，先后挖掘数以百计的无主坟墓。袁枚描述这些不幸遭到挖掘暴露的遗体特征如"长髯巨靴""髑髅上鬖鬖白发"，场面之恐怖，确实惊心动魄。但《自警录》中并没有如此生动的描述，也没说遭到挖掘的坟墓数以百计，汤应求自己只说"枭掘者六冢"⑭，大抵是指赵家河沙滩掩埋卢斋公之棺材、麻城县七里冈韩择吉坟墓、麻城县刘有三坟墓、黄冈县牛车河某男子坟墓、陈文已故兄长陈四儿坟墓以及可能是蔡灿已故仆人刘来寿的坟墓，合共六坟。

（9）《书麻城狱》："李献宗妻刓臂血，染一裤一裙，斧其亡儿棺，取脚指骨。"⑮袁枚说是李献（宪）宗妻子用自己的血来伪造杨氏血衣，并从自己已故儿子尸体上截取脚骨。据《自警录》，截取自己已故儿子尸体脚骨的是陈文母亲。可见袁枚记载失误。

(10)《书麻城狱》："总督迈柱竟以如松杀妻、官吏受赃，拟斩绞奏……故总督迈柱，闻之（陈鼎抓获杨氏），以为大愚，色忿然，无所发怒，姑令拘杨氏……迈柱不得已，奏案有他故，请缓决。杨同范揣知总督意护前，乃诱杨氏具状，称身本娼，非如松妻，且自伏窝娼罪。迈复据情奏。天子召吴、迈两人俱内用，特简户部尚书史贻直督湖广……"[76]袁枚说迈柱支持高人杰，得到陈鼎抓获杨氏的消息后，十分生气。杨同范揣摩迈柱心意，考虑到陈鼎以搜索娼妓的名义冲进杨同范家抓获杨氏，就授意杨氏告状，说自己确实是娼妓而非杨氏，杨同范也承认自己窝藏娼妓罪名。迈柱竟然以此上奏，意图继续掩饰真相。幸好高宗把迈柱和吴应棻都调入京师，改委史贻直亲赴武昌审理该案，才终于翻案。袁枚的以上描述，把迈柱刚愎、护短的形象描绘得栩栩如生，但《自警录》对迈柱的处理则暧昧含糊得多，这倒不难解释。笔者相信，假使汤应求读到袁枚《书麻城狱》，会从心底里喝彩，击节赞赏袁才子的燕许大手笔。但是，麻城杨氏案审理期间，汤应求不过是个署理知县，迈柱则不仅是湖广总督，还是满洲贵胄，在清朝官场上，论尊卑贵贱，二人真是判若云泥。因此，汤应求不能不有所顾忌。他在《自警录》卷首《麻城县大狱纪略》中罗列大量有份涉及该案的人物，低至保长、仵作，高至巡抚、总督，都是指名道姓，直陈功过，偏偏全然不提迈柱，这当然是有心之"失"，读者绝对不难发现这一"耀眼的缺失"，绝对不难明白汤应求的春秋笔法和对迈柱的谴责。

总之，袁枚版本文笔生动，叙述紧凑，角色分明，篇幅又不长，因此，虽有些事实上的错误、情节上的虚构，但可读性远远高于《》。再加上收录《书麻城狱》的袁枚本人文集《小仓山房文集》刊刻及时，流传广泛，所以，《书麻城狱》竟成了影响深远的麻城杨氏案文本，以至于朱枟辑校、阳耀祖刊行《自警录》时，也觉得有必要收进袁枚该文，作为该案的重要参照。

然而，以上比较袁枚《书麻城狱》和汤应求《自警录》的十点异同，还没有触及袁枚《书麻城狱》的核心内容。袁枚《书麻城狱》的核心内容是什么？就是把一宗案件变成一个灵异果报故事，变成李荣亡魂复仇记！这才是袁枚《书麻城狱》和汤应求《自警录》的最大分别。

汤应求在审理杨氏案期间向城隍呈递诉状，控诉高人杰、李作室诬陷自己，宣告自己无辜，诅咒高李受神明惩罚[77]，这是《自警录》唯一明显涉及超自然力量之处，而且城隍本来就是朝廷祀典认可的正统神明，非"怪力乱神"可比。但是，在袁枚《书麻城狱》中，冤案平反的关键原因，是仵作李荣的亡魂的报复和指引：高人杰严刑拷打涂如松、李荣等，导致"李荣死杖下"[78]，可见李荣是被高人杰迫害冤死之人；但是，没有杨同范设局诬告，就不会有高人杰的严刑拷打，所以李荣的冤家是杨同范。后来，"（杨）同范邻姬早起，见李荣血模糊，奔同范家"[79]，杨同范邻居老妇人，光天化日，看到血肉模糊的李荣闯进杨同范家，所谓白日见鬼，当然害怕之极。"方惊疑，同范婢突至，曰：'娘子未至期，遽产，非妪莫助举儿者。'"[30] 这位老妇人看见李荣冤魂闯进杨同范家不久，杨同范婢女就来求助，说尚未至产期的杨同范夫人现在忽然要临盆生产了，请求老妇人助产。"妪奋臂往。儿颈拗，胞不得下，须多人掐腰乃下。妻窘，呼：'三姑救我！'杨氏闯然从壁间出，见妪大悔，欲避而面已露。"[31] 老妇人答应杨同范婢女的请求，立刻到杨同范家助产，可是婴儿颈项扭曲，需要有人按住杨同范夫人的腰，老妇人才能把婴儿拔出。情势危险而紧迫，杨同范夫人只好高呼："三姑救我！"三姑就是窝藏在杨同范家的杨氏，杨氏听到杨同范夫人叫喊求救，便匆忙从密室内走出来，与正在助产的老妇人碰个正着，从而暴露行踪。杨氏"乃跪妪前，戒勿泄。同范自外入，手十金纳妪袖，手摇不止"。[32] 杨氏向老妇人下跪，请求老妇人保守秘密，杨同范也走进产房，把十两银子塞进老妇人衣袖内，并不断摇手，示意老妇人不要泄密。"妪出，语其子曰：'天乎！犹有鬼神，吾不可以不雪此冤矣！'即嘱其子持金诉县。"[33]

老妇人助产完毕，离开杨家，认为杨同范夫人生产过程有李荣鬼魂的作用，不敢欺骗鬼神，就命令儿子带同杨同范贿银到县衙门举报，知县陈鼎从而破案。

袁枚《书麻城狱》的这一幕果报情节，《自警录》中当然没有。在《自警录》里，发现杨氏、平反冤案的主角，是麻城县知县陈鼎；而在《书麻城狱》里，暴露杨氏行踪、平反冤案的主角，是李荣的亡魂，陈鼎反而成了配角。李荣被高人杰严刑拷打致死，原因是杨同范藏匿杨氏，设局陷害涂如松，所谓冤有头债有主，李荣的亡魂就要向杨同范报复。为揭穿杨同范的骗局，李荣亡魂白日现身，让杨同范邻居老妇人看见，引导杨同范怀孕未足月的夫人突然发动生产，引导杨同范婢女紧急请求老妇人助产，又令杨同范夫人生产时婴儿颈项扭曲，需人按住杨同范夫人的腰，让老妇人把婴儿拔出，杨同范夫人不得已，向藏匿密室的杨氏大声求救。就这样，李荣的亡魂一步一步逼杨氏现身，令老妇人看见杨氏，老妇人意识到这一切都是李荣鬼魂的引导和布置，也就不敢收受杨同范贿银，转而举报，实现了李荣亡魂的复仇大计！

或问：李荣之冤死，虽肇因于杨同范之设局，但成就于高人杰之严刑，为何李荣向杨同范报复而不向高人杰报复？冥报故事虽涉及超自然力量，但毕竟还是活在具体历史脉络中的人发明和传承的，因此，以人间的理性斟酌而商榷之，绝非痴人说梦，从历史学的高度"街头终日听谈鬼"，是能够"窗下通年学画蛇"、听出这个果报故事的历史逻辑的。笔者认为，李荣亡魂向高人杰报复与否，对于麻城县这个"地域社会"没有意义，因为高人杰并不是麻城县人；但是，李荣亡魂向杨同范报复，对于麻城县的本地知识和集体记忆而言，却大有干系，因为李荣和杨同范都是麻城县本地人。麻城县的集体记忆，要求杨氏冤案有一光明得来却又有地方能动性的结局。因此，平反冤狱的功劳，不能全部归于聪明正直的青天大老爷陈鼎，而必须有血肉模糊的李荣亡魂的份。

袁枚《书麻城狱》把"李宪宗"写成"李献宗"，看来是口头传播讹误的证据；把"董侑五"的"董"写成"黄"，看来又可能是文字传播讹误的证据。袁枚活跃于江南，相对于麻城，正好说是吴头楚尾，或说一在长江中一在长江尾，袁枚肯定是从口述和文书两个渠道而得知麻城杨氏案的。可惜，笔者至今仍找不到袁枚撰写《书麻城狱》的原委。如果说袁枚凭着自己过人的才气、超卓的文笔，把麻城杨氏案改写成果报故事，固然可能，但是，笔者更倾向于相信，乾隆初年，武昌出现了根据此案改编的戏曲《一线天》（又名《一线天传奇》或《楚江清》），袁枚就是根据这出戏曲而写成《书麻城狱》的。

小 结

总之，麻城杨氏案在乾隆年间被人编成戏曲，名《一线天》或《一线天传奇》《楚江清》，这是肯定的。袁枚直接或间接知之，因而改写成脍炙人口的《书麻城狱》，这也是大有可能的。虽然《一线天》或《楚江清》目前只剩片言只语，但毕竟还是麻城杨氏案文本嬗变的重要一环，不可不志之。

　　麻城杨氏案作为文本的嬗变历史尚未结束。光绪二年(1876)、光绪八年(1882)、民国八年(1919)三本《麻城县志》撮要抄录的《杨氏宗谱》内的《同范公传》，相当齐备，这《同范公传》是针对袁枚《书麻城狱》的翻案文章，对于麻城县当地社会、对于杨同范后人，均尤其重要。笔者将另辟一章，详细探讨之。

注　释

①　傅斯年：《历史语言研究所工作之旨趣》，载《国立中央研究院历史语言研究所集刊》，第一本第一分，1928，3页。

②　本章部分内容是根据拙作《雍正麻城杨氏案的文本嬗变》扩充而成的。该文见温春来主编：《区域史研究》，总第8辑，73～96页，北京，社会科学文献出版社，2023。

③　上传至香港中文大学历史系网站之《自警录》电子文本，则可以说是《自警录》的现代版本。

④　《自警录》PDF文件在该网站之链接为：http://lsc. chineselegalculture. org/Documents/E-Library?ID=420。该书卷首首页首行下方有"平安是福斋"朱文长印，末卷第四卷末页有"福斋鸿雪"白文方印。蒙华东政法大学史志强博士告知，北京大学图书馆藏有版式完全相同的一本，只是钤印不同。北京大学图书馆藏《自警录》书后有"飞云阁"白文方印。笔者迄今为止尚未能从这三方印章追查出该书之存传经历。

⑤　中国社会科学院法学研究所图书馆古籍第 261 号为："自警录

(清)汤应求著 康简书斋藏版 清乾隆元年刊刻 4 册(1 函)。"见赵九燕、张群整理:《中国社科院法学所馆藏古籍要目》,载《中国社会科学院法学研究所图书馆通讯》,第 1 期,2008 年 10 月 1 日。笔者怀疑是编目出错。

⑥ 《自警录》卷首,阳耀祖序言,22a 页。阳耀祖是灵川县"二都车头人",嘉庆十二年(1807)举人,"历任广东龙州、封川、新会、始兴知县,佛山海防分府"。见《民国灵川县志》卷五,21b、53a 页。查广东各地县志,可知阳耀祖仕宦生涯如下:道光三年(1823)署任肇庆府封川县知县,道光五年至六年(1825—1826)署任广州府新会县知县,道光七年(1827)任南雄直隶州始兴县知县,道光九年(1829)署任肇庆府阳江县知县。分别见:(清)温恭修,吴兰修纂:《封川县志》,119 页,收入《中国方志丛书》华南地方第 182 号,台北,成文出版社,1974,据道光十五年修、1935 年铅印本影印;(清)林星章修,黄培芳等纂:《新会县志》,卷三,5a 页,卷五,19b 页,收入《中国方志丛书》第 5 号,台北,成文出版社,1966,据道光二十一年刻本影印;陈赓虞修,陈及时纂:《始兴县志》卷二,5b 页,收入《中国方志丛书》华南地方第 180 号,台北,成文出版社,1974,据 1926 年石印本影印;张以诚修,梁观喜纂:《阳江志》卷二十三,12b 页,收入《中国方志丛书》华南地方第 190 号,台北,成文出版社,1974,据 1925 年排印本影印。

⑦ 以上引文,俱见《自警录》卷首,阳耀祖序言,21a、21b 页。

⑧ 笔者使用的"中国的法制空间"网站上的《自警录》PDF 文件,卷一末页未被扫描,但根据后三卷的末页推测,应该也有双行小字"粤东省城西湖街康简书斋刊"十二字。西湖街是清朝广州城内书坊云集之处,参见林子雄:《清末民国广州的书店业》,见《古版新语——广东古籍文献研究文集》,339 页,广州,广州出版社,2018。

⑨ 《自警录》卷首,朱枟序言,19a~19b 页。

⑩ 《自警录》卷首,朱枟序言,20a~20b 页。

⑪ 《自警录》卷首,朱枟序言,20b 页。

⑫ 《自警录》卷首,陈兰森《题〈后澜图〉》,12b 页。

⑬ 陈兰森生年，见秦国经主编：《中国第一历史档案馆藏清代官员履历档案全编》第20册，322页，上海，华东师范大学出版社，1997。这是乾隆三十八年（1773）十月陈兰森赴部候补，获掣刑部奉天司主事而投递的公文，自称"年四十岁"，据此可知陈兰森生于雍正十二年（1734）。至于陈兰森履历和卒年，见"中研院"历史语言研究所人名权威人物传记资料库的"陈兰森"条目。

⑭ 《自警录》卷首，陈兰森《题〈后凋图〉》，12a页。

⑮ 《自警录》卷首，陈兰森《题〈后凋图〉》，12b页。

⑯ 目前有关周廷俊的资料，主要来自陶樑《国朝畿辅诗传》所收周廷俊生平简介一文、诗作三首以及李云章为周廷俊《味雪庐诗稿》所撰序言的片段。李云章是直隶大兴县人，嘉庆二十三年（1818）举人，其《咫闻斋诗钞》藏香港大学图书馆，编号"山847.6 40-2"。李云章父亲李惟寅官广西太平府龙州同知，李云章有相当长一段时间跟随父亲住在广西，因此结识了周廷俊这位任职广西的同乡兼前辈，并为其《味雪庐诗稿》写序。李云章在序言中先是称呼周廷俊曰"周丈"，颇为妥帖，毕竟周廷俊是乾隆五十九年（1794）举人，论年纪应该比李云章大一辈，但后来又称呼周廷俊曰"君"，口气前后不一，有些奇怪，也许是陶樑节录李云章序言导致文意割裂。见（清）陶樑辑：《国朝畿辅诗传》卷五十二，21b～22a页，收入《续修四库全书》集部第1681册，总671～672页，上海，上海古籍出版社，1995，据山东省图书馆藏道光十九年红豆馆刻本影印。又参见（清）缪荃孙纂修：《顺天府志》卷一百二十六，23b～24a页，中国数字方志库光绪十年至十二年刻本。此志不过全抄陶樑《国朝畿辅诗传》的周廷俊传记而已。另外，只因为李云章说周廷俊"诗文书翰高简有法"这一句，周廷俊也就被收进清朝书法家传记，见李放：《皇清书史》卷二十一，10a页，收入《丛书集成续编》第99册，总539页，台北，新文丰出版社，1989，据《辽海丛书》本影印。

⑰ 嘉庆四年八月壬子，广西巡抚台布调遣，谢启昆接任，见赵尔巽等：《清史稿》卷二百三《疆臣年表七》，7744～7745页，北京，中华书局，1977。谢启昆传记，见赵尔巽等：《清史稿》卷三百五十九《谢启昆传》，

11356～11358 页，北京，中华书局，1977；《清实录·仁宗实录》卷五十，639 页，北京，中华书局，1986。

⑱ 《嘉庆广西通志》卷二百七十九，29b 页；卷首，1a～4a 页。收入《续修四库全书》史部第 680 册，总 843、1～3 页。上海，上海古籍出版社，1995。

⑲ 广西合共有府十一，直隶厅和直隶州各二，散厅八，散州十五，县四十九，土司区域尚不计算在内，见赵尔巽等：《清史稿》卷七十三《地理志二十·广西》，2294 页，北京，中华书局，1977。关于官府和地方精英编纂地方志的动机，见 Joseph Dennis, *Writing, Publishing, and Reading Local Gazetteers in Imperial China, 1100-1700*, Cambridge, Harvard University Asia Center, 2015, pp. 17-114. 唐立宗近年的几个个案研究，对笔者深有启示，见《相期成信史：钱澄之与康熙〈建宁府志〉纂修略论》，载《史志研究》，2015(1)，89～113 页；《以观政事：清初姚文燮的雄县仕宦经历与修志诉求》，载《新亚学报》，第 35 卷，2018，208～248 页；《明代石阡府的方志及其编纂：兼论黔东地区府志的编刊过程》，载《台湾政治大学历史学报》，2022(57)，1～50 页；《俱撰有志：明代河东学派张良知的仕宦生涯与志书编刊析论》，载《明代研究》，2022(38)，1～42 页。

⑳ 《嘉庆广西通志》卷首，5a～8a 页，收入《续修四库全书》史部第 677 册，总 3～4 页，上海，上海古籍出版社，1995。朱依真之名位于卷首，7a 页，总 4 页。

㉑ (清)朱依真著，周永忠、梁扬校注：《九芝草堂诗存校注》，前言，1 页，成都，巴蜀书社，2010。

㉒ 《嘉庆临桂县志》卷首，蔡呈韶序，1a～1b 页，收入《中国方志丛书》第 15 号，总 2 页，台北，成文出版社，1967。按：《嘉庆临桂县志》为嘉庆七年修、光绪六年补刊本，哈佛大学汉和图书馆藏有嘉庆九年辑、光绪十八年补刊的《临桂县志》，与嘉庆七年本比较，多了蔡呈韶嘉庆七年序、金毓奇嘉庆九年序，且有手书注记散见各卷。

㉓ 《嘉庆临桂县志》卷首，朱依真序，2a 页，收入《中国方志丛书》第

15 号，总 1 页，台北，成文出版社，1967。

㉔ 《嘉庆临桂县志》卷首，朱依真序，2a 页，收入《中国方志丛书》第 15 号，总 1 页，台北，成文出版社，1967。

㉕ 《嘉庆临桂县志》卷二十一，30a～32b 页，收入《中国方志丛书》第 15 号，总 347～348 页，台北，成文出版社，1967；《嘉庆广西通志》卷二百七，28a～31a 页，收入《续修四库全书》史部第 677 册，总 14～16 页，上海，上海古籍出版社，1995。《嘉庆广西通志》不载二序撰写年份，而《嘉庆临桂县志》则有载。

㉖ (清)穆彰阿、潘锡恩等奉敕纂修：《大清一统志》卷四百六十二，17b 页，收入《续修四库全书》史部第 623 册，总 89 页，上海，上海古籍出版社，1995，据四部丛刊续编本影印清史馆藏道光二十二年进呈写本影印。

㉗ 《民国灵川县志》卷四，11a 页。

㉘ 《嘉庆广西通志》卷二百七，28b、30b 页，收入《续修四库全书》史部第 680 册，总 14、15 页，上海，上海古籍出版社，1995；《嘉庆临桂县志》卷二十一，30a、32a 页，收入《中国方志丛书》第 15 号，总 347、348 页，台北，成文出版社，1967。

㉙ 《自警录》卷首，陈世偁序，3a 页；陈鼎序，6a 页。

㉚ 谢国桢：《明清笔记谈丛》，19 页，上海，上海古籍出版社，1981。

㉛ 《自警录》阳耀祖序言是他本人在道光八年刊刻《自警录》时撰写的，朱枟序言是他本人在道光四年完成辑校本时撰写的，陈兰森《题〈后涠图〉》、袁枚《书麻城狱》也是朱枟自己决定加入的，俱见本节开首至第一小节。《自警录》卷首有九篇序文，减去这四篇，剩下五篇；五篇之中，陈世偁、陈鼎序言复见于《嘉庆临桂县志》和《嘉庆广西通志》内的《警心录》部分，字句一样，只是提及汤应求书名时有异；除此二陈序言外，还有祝宏序言、汤应求自序、汤应求《麻城县大狱纪略》三篇，是二方志收录的《警心录》所没有的。方志、经籍志、书目志的编纂者限于篇幅，收录书籍时，往往节录、选录、摘要，这是常识。不能单凭这两本方志保存二卷本《警心录》卷首的二陈序言，而四卷本《自警录》卷首至少多出祝汤三篇序文，就认定二卷本《警心

录》与四卷本《自警录》是二书而非一书。也许《警心录》卷首原本也有祝汤三篇序文，但二方志编纂者认为祝汤二人写得不够好，或认为祝汤二人的社会地位与知名度不及二陈，未予收录而已。

㉜ 嘉庆六年二三月间，时任湖南粮道的陈兰森，受湖北学政陈崇本嘱托，为早前因犯罪而被判处充军广西的旗籍罪犯书德写介绍信，又送银八两予书德，被朝廷惩戒，拔去花翎，降职为候补通判。见《清实录·仁宗实录》卷七十九，29a～29b 页，卷八十一，3b～4b 页，北京，中华书局，1986。

㉝ Paul Cohen, *History in Three Keys: The Boxers as Event, Experience, and Myth,* New York, Columbia University Press, 1997, p. 12.

㉞ (清)汤应求：《麻城县大狱纪略》，见《自警录》卷首，16b 页。

㉟ 见"中研院"历史语言研究所人名权威人物传记资料库的"陈兰森"条目。

㊱ 南宋赵善璙有《自警编》，明黄希宪有《续自警编》，也许陈兰森因而记错了。

㊲ 见"中研院"历史语言研究所人名权威人物传记资料库的"汤应求""陈世倌"条目。

㊳ 最近相关的个案研究，见陈鸿图：《王引之〈楚辞〉评点辨伪——兼论清末时期善本观念的转变》，载《人文中国学报》，2019(28)，181～223 页。

㊴ 此书现存哈佛大学图书馆善本部，上下编各十卷，湛恩堂藏版，半叶九行，行二十二字，最晚序言撰于康熙四十三年(1704)。

㊵ 南宋鲁訔[卒于淳熙五年(1178)]撰《自警录》四卷，见(宋)周必大著，周纶编：《文忠集》卷三十四《直敷文阁致仕鲁公訔墓志铭》(淳熙五年)，5a 页，收入《四库全书》集部第 1147 册，总 373 页，上海，上海古籍出版社，1987，据文渊阁四库全书缩印。元徐泰亨[卒于元统元年(1333)]撰《自警录》，见(明)黄溍：《金华黄先生文集》卷三十四《清阳县尹徐君墓志铭》，12a 页，收入《续修四库全书》集部第 1323 册，总 440 页，上海，上海古籍出版社，1995，据清景元钞本影印。明云栖莲池祖师[卒于万历四十三年(1615)]撰《自警录》，见(明)虞淳熙：《虞德园先生集》卷九《云栖莲池祖

师传》，10a页，收入《四库禁毁书丛刊》集部第43册，总294页，北京，北京出版社，2000，据北京大学图书馆、中国科学院图书馆藏明末刻本影印。

㊶ (清)俞樾著，崔高维点校：《九九消夏录》，53～54页，北京，中华书局，1995。

㊷ (清)章学诚著，刘公纯标点：《校雠通义》卷一《辨嫌名》，67页，北京，古籍出版社，1956，据吴兴刘承幹刻《章氏遗书》本排印。

㊸ (清)俞樾著，崔高维点校：《九九消夏录》，39页，北京，中华书局，1995。

㊹ 杜信孚、王剑：《同书异名汇录》，300、969页，南京，江苏古籍出版社，2000。

㊺ 参见徐忠明、杜金：《传播与阅读：明清法律知识史》，北京，北京大学出版社，2012。笔者也曾撰文探讨一案例：嘉庆十三年(1808)，新科进士李毓昌奉命到江苏淮安府调查当地衙门赈济水灾灾民的工作，当地官员邀约合谋贪污，李毓昌峻拒，被当地官员毒杀并伪装成自杀。此案迅速告破，凶手被严惩，李毓昌得到朝廷抚恤。但此案在戏曲、弹词、笔记的文本中，则掺入果报灵异情节，变化多端。参见拙作《十九世纪初李毓昌案的"理性"与"迷信"》，见复旦大学历史学系编：《明清史评论(第三辑)》，104～140页，北京，中华书局，2020。

㊻ (清)郑澍若辑：《虞初续志》卷十，25a～29a页，收入《续修四库全书》集部第1783册，总547～549页，上海，上海古籍出版社，1995，据中国艺术研究院戏曲研究所藏咸丰元年小嫏嬛山馆刻本影印。

㊼ (清)郑澍若辑：《虞初续志》，封面及序言，收入《续修四库全书》集部第1783册，总433页，上海，上海古籍出版社，1995。

㊽ 李永选：《长乐六里志》卷六，5a页，收入《中国地方志集成·乡镇志专辑》第16册，总406页，上海，上海书店，1992。

㊾ (明)吴越草莽臣：《魏忠贤小说斥奸书》，收入《古本小说集成》第1辑第23册，上海，上海古籍出版社，1990，据崇祯元年序刊本影印。明末出版业蓬勃，小说戏曲鞭挞魏忠贤恶行者、歌颂天启六年(1626)自系入

狱牺牲以保全苏州暴动士民之五位义士者，数量颇多，出版亦快，参见岸本美绪：《明清交替と江南社会》，115～132 頁，東京，東京大学出版会，1999。

(50) 笔者找到题名相同或类似的戏曲三出，从作者时代或内容看，都与麻城杨氏案无关。第一出，活跃于康熙中叶的陈见智，编《一线天》传奇，内容是春秋战国史事，见刘世德：《陈见智和〈一线天〉传奇——清代戏曲家考略之一》，225～232 页，收入张忱石等编：《学林漫录(六集)》，北京，中华书局，1982；江巨荣：《漫翁〈一线天〉传奇》，见《明清戏曲：剧目、文本与演出研究》，66～70 页，上海，上海古籍出版社，2014。第二出，袁蟫编《一线天小剧》，系改编日本史事者，收入《瞿园杂居续编五种》，刊行于宣统元年(1909)，见王文章主编，刘文峰副主编：《傅惜华藏古典戏曲珍本丛刊提要》，292 页，北京，学苑出版社，2010；全文见王文章主编：《傅惜华藏古典戏曲珍本丛刊》第 111 册，73～78 页，北京，学苑出版社，2010。第三出，冯梦龙编《楚江情》，改编自《西楼记》，见郭英德：《明清传奇综录》，354～355 页，石家庄，河北教育出版社，1997。另有《一线春传奇》，作者是“吴陵景让溯尧”，见沈知方：《粹芬阁珍藏善本书目》，57 页，上海，世界书局，1934。惜该书仅存目，只知是旧钞本，二卷。

(51) 当然，假如郑澍若这则记载中所谓“岁壬子”是“岁壬午”之误，则“壬午”为乾隆二十七年(1762)，则《一线天》最晚出现在 1762 年之前，倒也十分合理，毕竟“子”和“午”笔画相似，容易混淆。不过，笔者自知这是一厢情愿的推测，又找不到《虞初续志》的其他版本校对，只好聊备一注。

(52) 雍正十一年(1733)，湖北按察使唐继祖由王柔接替，见《民国湖北通志》卷一百十五，总 2769 页，上海，商务印书馆，1934。关于王柔以贡生入仕，见(清)何乐善修，萧劼、王积熙纂：《福山县志》卷八，54b～55b 页，收入《中国地方志集成·山东府县志辑》第 51 号，总 522 页，南京，凤凰出版社，2004。王柔本人担任湖南辰永靖道、湖北按察使、湖南衡永郴道期间的奏折，见《王柔奏稿》，收入《中国公共图书馆古籍文献珍本汇刊·丛部·天津图书馆孤本秘籍丛书》第 2 册，389～506 页，北京，中华全国图书馆文献缩微复制中心，1999。可惜此书内容并无直接涉及麻城杨氏失踪案者。这"耀眼的缺失"会不会是王柔有心删削所致？

㉝　《自警录》文件 39，卷二，39a～42b 页。汤应求该禀文的撰写日期是雍正十一年二月十五日。

㉞　许钟璐等修，于宗潼等纂：《福山县志稿》卷七之二，2b 页，收入《中国方志丛书》华北地方第 55 号，总 1120 页，台北，成文出版社，1968，据 1931 年铅印本影印。

㉟　民国《福山县志稿》曰：有关王柔传记，资料来源是"据府志、乾隆志、武进刘绍纶撰《昭勇将军王公传》、同县谢景谟《文林郎王公墓志铭》、《王氏家乘》纂入"。也许有进一步追查之空间。见许钟璐等修，于宗潼等纂：《福山县志稿》卷七之二，5b 页，收入《中国方志丛书》华北地方第 55 号，总 1126 页，台北，成文出版社，1968。

㊱　（清）袁枚：《书麻城狱》，见《小仓山房文集》卷九，4a～6b 页，收入《续修四库全书》集部第 1432 册，总 89～90 页，上海，上海古籍出版社，1995，据乾隆刻增修本影印。

㊲　（清）胡文炳：《折狱龟鉴补》卷二《麻城冤狱》，75a～78a 页，收入《续修四库全书》子部第 973 册，总 86～87 页，上海，上海古籍出版社，1995，据天津图书馆藏清光绪四年兰石斋刻本影印。胡文炳谓袁枚该文录自"简集斋"，查袁枚又号"简斋"，"简集斋"应该是"简斋集"之误。署俞樾选：《精选随园文钞》，中华图书馆印行，1915，藏香港中文大学图书馆特藏部，编号 PL2735. A5 A6 1915。葛建初：《折狱奇闻》卷二，8a～8b 页，上海，上海会文堂书局，1917。徐珂辑：《清稗类钞》，1045 页，北京，中华书局，1984。此书现存最早版本，似为 1917 年上海商务印书馆排印本。

㊳　郑幸：《随园刻书考略》，载《中国典籍与文化》，2015(3)，120 页。

㊴　郑幸：《袁枚年谱新编》，119～186 页，上海，上海古籍出版社，2011。关于谈羽仪刊行《双柳轩诗集》《双柳轩文集》，见该书 167 页。

㊵　袁枚后来说，对于《双柳轩诗文集》，自己"悔其少作，将板焚毁"，因而这两本早年著作不为人知，见郑幸：《袁枚年谱新编》，167 页，上海，

上海古籍出版社，2011。幸好上海图书馆、杭州图书馆仍有藏本，陈正宏早已发表长文比较上海图书馆藏《双柳轩诗文集》与《小仓山房诗文集》之异同，参见《〈袁枚全集〉校补》，见复旦大学中国古代文学研究中心编：《中国文学研究（第三辑）》，276～384页，南昌，江西教育出版社，2000。陈正宏更据以查出袁枚删改早年著作的痕迹，参见《从单刻到全集：被粉饰的才子文本——〈双柳轩诗文集〉、〈袁枚全集〉校读札记》，载《中山大学学报（哲学社会科学版）》，2008（1），9～16页。王志英将杭州图书馆藏《双柳轩诗文集》全书标点排印，见（清）袁枚著，王志英编：《袁枚全集新编》，收入《浙江文丛》第16册，杭州，浙江古籍出版社，2015。《双柳轩文集》位于1～35页（每册页码不连贯，因书重编）。

㉑　郑幸《袁枚年谱新编》言："又前引子才诗有'编成六十卷书开'，而实际刊刻者仅《小仓山房文集》二十四卷、《小仓山房诗集》二十卷、《小仓山房外集》六卷，凡五十四卷。"421页，上海，上海古籍出版社，2011。按：以此计算，总卷数当为五十卷。

㉒　（清）袁枚著，周本淳标校：《小仓山房诗文集》，周本淳前言，13页，上海，上海古籍出版社，1988；（清）袁枚著，王英志主编：《袁枚全集》第1册，王英志前言，11～12页，南京，江苏古籍出版社，1993。

㉓　有关《小仓山房诗文集》的刊行过程，简直可写长篇论文。周本淳、王志英整理袁枚著述的前言和郑幸编撰之袁枚年谱，已经有所发覆，俱见前面注释。笔者补充如下：收入《续修四库全书》集部第1431～1432册的《小仓山房全集》，为上海图书馆藏本之影印本，其中三十五卷本《小仓山房文集》封面、序言等处，均无确切年份，只《小仓山房外集》蒋士铨歌行体《题随园骈体文》署"乾隆己丑落灯夕馆后学蒋士铨题"，是为乾隆三十四年己丑（1769），见《续修四库全书》集部第1432册，总434页，上海，上海古籍出版社，1995。而香港中文大学图书馆特藏部所收袁枚各种著述中，也有《小仓山房诗文集》一部，香港中文大学图书馆特藏部目录记载书名为《小仓山房诗集：[三十三卷，补遗二卷，文集三十卷，外集七卷]》，编号PL2735. A5 1769，凡四函二十册，白口，鱼单尾，左右双边，半叶十一行，

行二十一字；头十册为诗集，后十册为文集。与《续修四库全书》影印的上海图书馆藏本比较，香港中文大学馆藏的这部《小仓山房诗文集》有几点值得注意之处。(1)诗集目录页并无卷三十一、卷三十二，至卷三十为止，但第9册至第10册却分明有卷三十一、卷三十二、卷三十三及补遗二卷，是为有文无目。(2)文集目录有卷三十一，但第18册只有卷三十，是为有目无文。(3)第4册诗集卷十五《随园二十四咏》(27a～28b页)阙文字而有空白页，第12册文集卷六《赠编修蒋公适园传》(18a～18b页)阙文字而有空白页，第18册文集卷二十九《重修中和道院碑记》(10a～10b页)阙文字而有空白页。(4)除了特藏部目录提及的文集首页上的"子晋""徐长康"印之外，该书往往有"惠亭和记"朱文长印，又往往有长方朱文、蓝文半印。"惠亭和记"似乎是清代书贾之商标，现藏德国巴伐利亚国家图书馆的何焯《分类字锦》上也有此印。香港中文大学自学中心巢立仁博士指出，该校图书馆特藏部编号PL2735.A5 1769的这部《小仓山房诗文集》，其"惠亭和记"朱文长印往往有钤印于极为接近书脊之处者，应该是在书页拆开的状态下钤印，再考虑到偶有空白页这一点，很有可能是"惠亭和记"书贾将此书重新装订，至于偶然用半印钤印，可能是书贾防止盗卖的措施。

㉔ (清)袁枚：《小仓山房文集》卷九，4a页，收入《续修四库全书》集部第1432册，总89页，上海，上海古籍出版社，1995。

㉕ (清)袁枚：《小仓山房文集》卷九，4a页，收入《续修四库全书》集部第1432册，总89页，上海，上海古籍出版社，1995。

㉖ (清)袁枚：《小仓山房文集》卷九，4a页，收入《续修四库全书》集部第1432册，总89页，上海，上海古籍出版社，1995。

㉗ (清)袁枚：《小仓山房文集》卷九，4a页，收入《续修四库全书》集部第1432册，总89页，上海，上海古籍出版社，1995。

㉘ (清)袁枚：《小仓山房文集》卷九，4a～4b页，收入《续修四库全书》集部第1432册，总89页，上海，上海古籍出版社，1995。

㉙ (清)袁枚：《小仓山房文集》卷九，4b页，收入《续修四库全书》集部第1432册，总89页，上海，上海古籍出版社，1995。

⑦ (清)袁枚：《小仓山房文集》卷九，4b 页，收入《续修四库全书》集部第 1432 册，总 89 页，上海，上海古籍出版社，1995。

⑦ (清)袁枚：《小仓山房文集》卷九，4b～5a 页，收入《续修四库全书》集部第 1432 册，总 89～90 页，上海，上海古籍出版社，1995。

⑦ 这一段也许是袁枚《书麻城狱》最刺激读者感官、最引发读者同情之处。关于刑讯过程在明清文学世界内的定位，参见徐忠明、杜金：《明清刑讯的文学想象：一个新文化史的考察》，见《传播与阅读：明清法律知识史》，338～407 页，北京，北京大学出版社，2012。

⑦ (清)袁枚：《小仓山房文集》卷九，5a 页，收入《续修四库全书》集部第 1432 册，总 90 页，上海，上海古籍出版社，1995。

⑦ (清)汤应求：《麻城县大狱纪略》，见《自警录》卷首，14b 页。

⑦ (清)袁枚：《小仓山房文集》卷九，5a 页，收入《续修四库全书》集部第 1432 册，总 90 页，上海，上海古籍出版社，1995。

⑦ (清)袁枚：《小仓山房文集》卷九，5a～5b、6a 页，收入《续修四库全书》集部第 1432 册，总 90 页，上海，上海古籍出版社，1995。

⑦ 《自警录》文件 30 附录《神明词》，卷二，13b～15b 页。

⑦ (清)袁枚：《小仓山房文集》卷九，5a 页，收入《续修四库全书》集部第 1432 册，总 90 页，上海，上海古籍出版社，1995。

⑦ (清)袁枚：《小仓山房文集》卷九，5b 页，收入《续修四库全书》集部第 1432 册，总 90 页，上海，上海古籍出版社，1995。

⑧ (清)袁枚：《小仓山房文集》卷九，5b 页，收入《续修四库全书》集部第 1432 册，总 90 页，上海，上海古籍出版社，1995。

⑧ (清)袁枚：《小仓山房文集》卷九，5b 页，收入《续修四库全书》集部第 1432 册，总 90 页，上海，上海古籍出版社，1995。

⑧ (清)袁枚：《小仓山房文集》卷九，5b 页，收入《续修四库全书》集部第 1432 册，总 90 页，上海，上海古籍出版社，1995。

⑧ (清)袁枚：《小仓山房文集》卷九，5b 页，收入《续修四库全书》集部第 1432 册，总 90 页，上海，上海古籍出版社，1995。

麻城杨氏宗族之反击

从雍正八年（1730）正月杨氏失踪，到乾隆元年(1736)三月杨氏案以金张版本定谳，这是作为司法案件的杨氏失踪案的始末，详见本书第一章。虽然作为司法案件的杨氏案已经结束，但作为文本的杨氏案则不断嬗变，体现出复杂的互文性，如袁枚《书麻城狱》与已经佚失的戏曲《一线天》的后先互动，详见本书第三章。本章仍然与麻城杨氏案的文本嬗变有关，但是，这一章内的新文本作者，不是外人，而是杨氏宗族内的杨同范一派子孙。他们创造的新文本，影响到地方志的编纂，可以说在争夺杨氏案话语权一事上，获得了一定的成功。[①]

一、三本麻城县志的记载

袁枚《书麻城狱》把杨同范描绘为歹角，说李荣亡魂引导杨同范邻居老妇人发现杨氏踪迹，从而揭破杨同范的阴谋。但是，光绪二年(1876)麻城县知县郑庆华延请潘颐福编纂的五十六卷本《麻城县志》，在其末卷《丛谈》中，收录有关于麻城杨氏案的一篇文章，不仅情节与袁枚《书麻城狱》大相径庭，而且直接驳斥《书麻城狱》：

　　雍正间，麻城生员杨同范，名维模，族人有妹，与涂姓缔婚，童养于涂者，为姑所虐，逃归。族人匿之复室，亲邻无一人知者，反诘女踪于涂，互讼不已，遂兴大狱。同范，固杨姓户长，初不与其事，族众有以不庇族詈之者，遂误列名牒前，官吏遍察。有捕鱼李某，偶话此案，为族人牵入狱，毙。逾年，族人妻产难，有媪踵门，自陈能治。比至，烛忽灭，窘急，适有所需，妹自复壁出鬏（剪）助之。渔者李，固枝指，所生子亦枝指，媪乃渔者母也，即出，率健儿破壁取女赴官。族人狡脱，范闻耗，僵绝，复苏，卒以列名故，系图圄八年，卒，有《狱中诗草》。范为族人所欺，负冤极矣。江南袁枚《书麻城狱》，仅据一时讼牍附会之词，诬族人室为范室，妻为范妻，诬捕鱼者为仵作李荣，范课徒在外，而曰"手十金纳媪袖"，李媪破壁取女，而曰邑令陈鼎毁壁，至令同范受欺一时，复含冤千古。文人下笔，不可不慎！②

甚为有趣的是，光绪二年的五十六卷本《麻城县志》刊行一年之后，麻城县竟又在署理知县陆祐勤、知县朱荣椿的主持下，延请麻城县当地文人余士珩重修县志。光绪八年（1882），四十卷本《麻城县志》刊行，也一字不漏收录这篇文章。③但是，光绪二年五十六卷本《麻城县志》、光绪八年四十卷本《麻城县志》都没有交代这篇文章的资料来源。幸好，《民国麻城县志前编》不仅全抄这篇文章，还交代资料来源："袁子才《书麻城狱》，与事实颇多出入，邑人极称同范冤，盖据杨姓谱也。"④可见，以上这篇被光绪至民国三本《麻城县志》收录的为杨同范翻案的文章，是抄录自杨姓族谱的；也可见，麻城杨氏失踪案文本，除《自警录》《书麻城狱》之外，还有更晚出现的杨姓族谱版本。

以上三本《麻城县志》所抄录的杨姓族谱内的麻城杨氏案，与袁枚《书麻城狱》比较，有两大不同之处。

第一，杨同范不再是藏匿杨氏、嫁祸涂姓的罪魁祸首，而是先被蒙蔽后被诬陷的无辜受害者和毅然承担罪责以保护族人的正人君子。然则谁是罪魁祸首？就是杨姓"族人"，这位"族人"妹妹嫁给涂如松，被家婆虐待，逃回娘家，这位"族人"窝藏妹妹，诬告涂姓，可知这位杨姓"族人"就是杨五荣。杨五荣的名字在公私领域均广为人知，但却消失于杨姓族谱，可见是有意的隐讳。杨姓"族人"窝藏妹妹，严密封锁消息，不仅涂姓不知道杨氏的真正下落，就连杨姓同族之人，包括杨同范在内，都蒙在鼓里。杨同范作为族长，族亲杨氏失踪，而涂如松又有杀害杨氏嫌疑，就在族人舆论压力之下，代表杨姓控告涂姓，种下日后被杨姓"族人"卸责的祸因。

第二，杨姓族谱版本与袁枚《书麻城狱》的果报情节有异。在后者，仵作李荣因杨同范设局诬告涂如松而被高人杰严刑拷打致死，李荣亡魂因此向杨同范报复，引导杨同范邻居老妇人协助杨同范夫人分娩，从而发现杨氏踪迹。在前者，复仇者不是仵作李荣的亡魂，而是渔夫李某的亡魂，李某只是因为偶然提起杨氏失踪案，就被杨姓"族人"诬告，死于监狱。渔夫李某的亡魂因此连同自己仍在人世的母亲向杨姓"族人"报复，方法是投胎为杨姓"族人"的儿子，还令杨夫人发动分娩，而且大有难产之虞，渔夫李某母亲随即叩门表示能够助产。接生过程中，需要用剪刀剪断脐带，这时蜡烛忽然熄灭，万分紧急，窝藏在密室的杨氏只好递出剪刀，从而暴露行踪。渔夫李某有"枝指"的生理特征，即比常人多一手指或脚趾，杨夫人生下的婴儿也有"枝指"。渔夫李某母亲接生完毕，离开杨家，随即召唤人手，闯入杨家，打破密室，把杨氏扭送官府。即使这样，杨姓"族人"还能逃脱，把窝藏杨氏、诬告涂姓的罪名全部推到杨同范头上，杨同范含冤受屈，坐了八年牢，最后死于狱中。

杨姓族谱的这个果报情节，比起袁枚《书麻城狱》的果报情节更诡异，但也更"在地"，更贴近中国民间有关果报的信仰。据李隆献研究，被害者的鬼灵报复仇人，这种信仰，举世皆然。在中国，自先秦以降，鬼灵复仇方式有多种：或自己现形、作祟以报复仇人，或向天、天帝、冥司申诉并提供证据或线索，或以托梦、现形等方式向人申诉并提供证据或线索，等等。⑤但是，被害者鬼灵投胎成为仇人儿女，为仇人带来灾难和痛苦，或取回被仇人侵吞的资财，这种特殊复仇方式的信仰，笔者姑名之曰"投胎复仇"，似乎源自佛教的轮回业报观念。例如，成书于435年或445年的《贤愚经》，有《儿误杀父品》故事，大意是一对父子，儿子误杀父亲，后来这对父子轮回易位，过去的父亲成为现在的儿子，过去的儿子成为现在的父亲，重演儿子误杀父亲的一幕，谓之"相报"。⑥但是，这是《贤愚经》唯一提及人物轮回成为某人儿子的故事，梁丽玲也指出，这也是唯一的"无记"业报故事，既非"善报"也非"恶报"，而是"无有恶意，而相杀害"的"相报"。⑦因此，《贤愚经·儿误杀父品》故事与"投胎复仇"的原型尚有一段距离。

笔者迄今为止找到的最早的投胎复仇故事，为九世纪卢肇《逸史》之《卢叔伦女》故事，北宋初年编纂的《太平广记》有收录之，大略谓有和尚在长安城南化缘，一女子说三四里外的王家正在打斋。和尚依言前往，王某夫妇因为是私下打斋，没有向外宣布，奇怪和尚何以得知，和尚据实相告。王某夫妇很惊讶，便前去拜访这名女子。这名女子关起门来，拒绝相见，并忽然高呼"贩胡羊父子三人今何在"，王氏夫妻吓得立刻离开。女子向其母亲解释：自己前生是"贩胡羊父子三人"，投宿王某庄上，被王某谋财害命。父子三人投胎成为王某儿子，深得王某夫妇疼爱，但十五岁患病，二十岁病死。王某"前后用医药，已过所劫数倍"，而且王某夫妇每年于儿子病逝忌日打斋，流下的眼泪也累积"过三两石矣"，正好有和尚化缘，就指示和尚到王某家，"亦是偿债了矣"。⑧南宋洪迈《夷坚志》、郭彖《睽车志》等多有类似故事。⑨直到今天，父母以"讨债鬼"来斥骂不听话的儿女，仍不罕见。

在袁枚《书麻城狱》一文内，仵作李荣的亡魂指引杨同范邻居老妇人发现杨氏，而在《光绪麻城县志》所抄录的杨姓族谱的这个果报情节中，被杨姓"族人"陷害致死的渔夫李某，以投胎杨夫人子宫方式，引导自己母亲接生，又令蜡烛熄灭，逼杨氏现身，还令新生婴儿和自己同样拥有"枝指"的生理特征。这样，渔夫李某不仅投胎成为杨姓"族人"儿子，令母亲率众破门把杨氏扭送官府，也令母亲明白一切都是自己的复仇大计。杨姓族谱中的这段复仇情节，与九世纪卢肇《逸史·卢叔伦女》以降的复仇情节原型相同，即投胎复仇是也。

二、杨氏宗谱之反击

　　《民国麻城县志前编》说《光绪麻城县志》以上文字抄录自杨姓族谱，但没有更进一步说明是哪本族谱。笔者看到的上海图书馆家谱中心所藏两种麻城杨姓族谱，都无相关记载。[⑩]幸好，耶稣基督后期圣徒教会（The Church of Jesus Christ of Latter-day Saints）的家谱图书馆，收藏有杨恺丞、杨芝轩等编纂刊行于民国八年（1919）的《杨氏宗谱》（以下该书称《民国八年杨氏宗谱》），该谱卷首有"同治壬戌年创修""光绪壬辰年续修"的名单，可见民国八年是第三次修谱。[⑪]这本《民国八年杨氏宗谱》，收有杨守愚撰于咸丰四年（1854）的《同范公传》，凡九百六十七字，正是上引《光绪麻城县志》有关麻城杨氏案的文字的来源。这篇《同范公传》对于麻城杨氏案文本嬗变的问题，意义重大，兹全文标点抄录如下，其中字句之可议者，加括号以商榷之：

公讳维模，字同范，二十有五举茂才，闭户读书，辄欲芥拾青紫，其砥行立名之意，时形诸楮墨，宗孝廉龙光，曾读其文而壮之，谓麒麟必致千里，不幸殃连祸结，竟以忧患终。

先是，公父邑庠士震嗣公总理户政，族人有妹，适涂如松，不相能，私自逃归，族人阴匿复室中，反告官索妹，未遽得理，屡怂诉公家，公父辞以老，迄不动。乃恸哭流涕，激动族长者云："妹为如松虐死，索尸不得，告官不理，撞叩无门，此冤终何由白！"族长者愤之，相与助讼，且连名状已具矣，而又嫌皆齐民。于是日使老媪诟骂于公门，曰："立户长以卫族也，今族有此奇冤，且父子秀才而不出首，焉用户长为！"公父无奈，命公出名。族人由是呼号郡县，历控省垣，告官吏，发疑冢，如是者亦有年。

一日，过红石堰，有捕鱼人李某，手两枝指，闲论案事，族人侦之，即牵入案内，拖累以死。逾年，族人妻产难，遍访稳婆（稳婆？），有媪李，自陈能取胎，延至家，不知即捕鱼者母也。比坐蓐，烛忽灭，窘迫，急有所需，族人妹不得已出助之。儿即下，左右手指各六。媪出，即率健儿直入毁壁，执以送官。

当是时，公方课徒于夫子河。有姻人奔告公曰："亲家阿侬女子固在也。"公即惊眩堕地，良久方苏。族长者亦皆如梦初觉，惊骇不知所为。而族人复狡狯，供于官曰皆知之，并诬公以主谋。一时差役四下，宗族之祸几至灭门。避姻家、窜幽谷、奔四川，不知凡几；被逮入城者亦不下数十人，而公独禁锢终身。

愚少时闻祖姑母云，辄为之太息泣下，稍长，读公寄家人书、并自著诗文集若干卷，见所言皆省身克己，日用伦常，至情至理，盖肫然笃实君子也。抑又闻之，当族人之嫁祸于诸族长者也，株连甚众，公即庭责之曰："尔既已诬陷我矣，犹欲连累多人耶！"遂独任咎。至今，免累者之子孙，犹垂泣感公义，即邻近父老乡先生亦有能言其事者。而袁枚在数千里外，闻诸道涂，举族人所诬，著为实录，不亦冤乎！更为增饰利其色、冒为娼等语，禽兽不为之事，而以诬公，岂不大可痛哉！至于诬族人室为公室，诬族人妻为公妻，诬外来之李媪为邻姬，诬捕鱼之李某为仵作李荣，诬已死之媪子而使之持金诉县，诬公之课徒在外而曰手十金纳姬袖，诬李媪之执以送官而曰县令陈鼎毁墙得杨氏，大率捕风捉影，增凑以供文笔，而亦不自知其说之诬罔怪诞，一至于此。然愚尝即公之著述，以征诸父老之传闻，与夫乡先生之论说，而确见其文之足征者如此，献之足征诸者如此，巷议街谈之足征者又莫不如此。后之君子，访旧闻，考实录，平心而读之，折衷而论之，必有能得其实于天理人情之至，而不容以他辞掩者。区区袁枚一人之私说，不过如微云点太空，随即散灭，其何伤于公。而公之为公，又似预有以自定而无俟后人之拟议者。公之诗曰："长唯信鸟因羁索，公岂疑兄竟荷戈。"又曰："问心虽不愧，虑患实多疏。"呜呼！尽之矣，尚何言！

咸丰四年八月十六日元孙守愚泣识⑫

以上杨守愚《同范公传》撰写于咸丰四年（1854），而《民国八年杨氏宗谱》创修于同治元年壬戌（1862），难怪一二十年后，光绪二年（1876）和光绪八年（1882）的《麻城县志》都能够抄录并撮要之，《民国麻城县志前编》也从而移录一过。该文强调杨同范人格高尚，是淳谨君子，被杨氏哥哥蒙蔽在先、诬陷在后，杨氏行踪曝光后，杨同范为避免其他族人受累，又毅然承担罪责。杨守愚继而谴责袁枚把道听途说点窜成文，令杨氏案真相长期被扭曲，更令杨同范长期被污名化。杨守愚《同范公传》比《光绪麻城县志》的提要本更详尽，自不待言，值得注意的有三点。第一，《光绪麻城县志》谓"渔者李，固枝指"，究竟是手指还是脚趾，并不清楚，而杨守愚《同范公传》则写得更清楚——"手两枝指"。第二，《光绪麻城县志》说杨同范坐牢八年，死于狱中，杨守愚《同范公传》则说杨同范被"禁锢终身"。[13]第三，《光绪麻城县志》说杨同范著有《狱中诗草》，但杨守愚《同范公传》只说杨同范著有诗文集若干卷，并引述杨同范两首诗的个别诗句。

更值得注意的是《民国八年杨氏宗谱》紧接杨守愚《同范公传》后收录的三篇文章。

第一篇文章，是杨同范的《狱中俟命序》，相当于他的狱中宣言。他引述孟子《尽心篇下》"君子行法，以俟命而已矣"之语，宣告自己无辜含冤，唯有遵照儒家圣人教训，毅然承受患难。此序言下有"表叔周屏凡"的评语，对杨同范高度赞赏，谓"直与太史公千古心印"。[14]

第二篇文章，是"丁卯举人侯天柱"为杨同范《狱中草》所写的序言。侯天柱于乾隆十二年丁卯（1747）中举[⑮]，杨同范大概从乾隆三年开始坐牢，但《狱中草》究竟刊行于何时，并不清楚。1747年是侯天柱中举之年，后来编纂族谱者出于尊重，提示侯天柱中举年份，或者侯天柱一向以"丁卯举人"作为自己身份而已，不能以"丁卯举人侯天柱"一句来假设此序写于丁卯。幸好侯天柱序言提示了更准确的撰写年份："岁丙辰（乾隆元年，1736），涂杨一案，远近骇闻……至今二十余年。"可见此序大概撰写于十八世纪五十年代。侯天柱还提及"今杨子行年七十，两鬓霜班"，足见杨同范至十八世纪五十年代仍然在世，只是被监禁狱中，当时已经七十多岁。为何侯天柱会为杨同范《狱中草》写序？原来"杨子嗣君有二，十年前负笈从余……昨携其父《狱中草》一集，问序于余……二子勉乎哉"。杨同范两个儿子在十年前开始跟从侯天柱读书，某天把杨同范诗集《狱中草》呈上，请侯天柱题序。侯天柱认为杨同范是"彬彬文学士"，含冤受屈，称赞其诗作"忠厚悱恻""温厚和平"，以"不遭奇厄，则奇事不传，不负奇冤，则奇才不出"来歌颂杨同范，并勉励杨同范的两个儿子"缵绪亢宗"，自强不息，振兴宗族。[⑯]

第三篇文章，是杨正楷撰写于"咸丰十一年小阳月朔一日"的《书〈书麻城狱〉》。该文多用《易经》卦象典故，反击袁枚《书麻城狱》，为"吾族曾祖同范公"伸冤。杨正楷重申杨同范被杨氏兄长陷害的梗概，谴责袁枚只指出杨氏兄长诬陷涂姓，而不明白杨同范本人也被杨氏兄长诬陷；袁枚自以为用这篇文章来洗脱涂姓的冤屈，却不明白这篇文章造成杨同范的冤屈。这些褒贬毁誉之词以外，值得注意的是杨正楷提及杨同范、杨五荣的后事：杨姓族人感激杨同范"独任其罪"，就"哀葬公及公祖母于琛祖茔"；对于杨五荣，则逐出宗族，"摒族人（杨五荣），不共祀，数世祀绝，嗣他支子"。杨同范一支经此打击，家道衰落，但到了孙子一代开始中兴，杨同范曾孙、玄孙，都"蝉联鱼贯，乡国蜚声"云。

对于本章而言，更值得注意的是杨正楷提及果报故事在当时的流播情形：渔夫李某报复杨五荣，投胎到杨五荣夫人子宫，出生后仍带有渔夫李某生前的生理特征——"枝指"。"枝指，志报也"，对此，"附近里巷口碑分明，不可磨灭"。也就是说，杨氏被抓获、重现人间之际，麻城县当地已经议论纷纷，认为是渔夫李某亡魂报复杨五荣的结果，可见麻城县本地人并没有把杨五荣与杨同范混为一谈。不幸，袁枚"明不及远"，混淆了杨五荣与杨同范，令杨同范"覆盆莫揭于生前，谤书更蒙于身后"。[17]（按：这位杨正楷是岁贡生，参与了光绪二年《麻城县志》的编纂工作。[18]）

城杨氏失踪案，结案于乾隆三年，麻城县当时已经流传果报故事，认为是亡魂报复的结果。后来有人在武昌编成《一线天传奇》或《楚江清》，很可能成为袁枚《书麻城狱》的果报情节的资料来源。从咸丰四年杨守愚撰写《同范公传》开始，杨同范后人翻案，指出匿藏杨氏、诬告涂姓的罪魁祸首是杨五荣而不是杨同范，杨同范本人是更惨痛的受害者，他先被杨五荣蒙蔽，后被杨五荣委罪，再被袁枚《书麻城狱》污蔑。只是，目前存世的史料，并不足以证实或推翻杨同范后人的这个版本。

对于汤应求来说，编纂《自警录》，是要保存杨氏案的真相，揭露自己被无良同僚和上司迫害的过程。但是，且不论此书流传不广，对于清朝大部分读者来说，《自警录》太冗长、枯燥、繁难。他们更喜欢的，是袁枚满足读者感官和想象的《书麻城狱》，毕竟这篇文章与他们并无切身利害关系，是一篇很好的消闲读物。但在麻城县地域社会，袁枚《书麻城狱》的话语霸权则是部分"持份者"（如杨同范后人）所必须处理和反抗的对象。于是，麻城杨氏案，从汤应求辑录司法档案而成的《自警录》，衍生出戏曲《一线天》或《楚江清》，再衍生出袁枚的司法故事《书麻城狱》，既而衍生出杨同范后人为维护杨同范名声、反击袁枚《书麻城狱》而编纂并收入族谱的《同范公传》，继而为光绪至民国时期三本《麻城县志》所吸收。这就是麻城杨氏案从司法档案到文人想象再到地方知识体系的文本嬗变过程。

注　释

①　本章部分内容是根据拙作《雍正麻城杨氏案的文本嬗变》扩充而成的。该文见《区域史研究》，总第 8 辑，73～96 页，北京，社会科学文献出版社，2023。

②　(清)郑庆华修，潘颐福纂：《麻城县志》卷五十六《丛谈》，62a～63a 页，中国数字方志库光绪二年刊本。按：卷五十六的页码承接卷五十五而非重编，可能是刊刻出错。又，郑庆华是临桂县人，算起来是汤应求的同乡，虽然晚了几辈。

③　(清)陆佑勤、朱荣椿修，余士珩纂：《麻城县志》卷四十《杂记》，27a～28a 页，中国数字方志库光绪八年刊本。为何在郑庆华、潘颐福五十六卷本《麻城县志》面世仅一年后便又开始编纂县志？不得而知，有可能因为潘颐福是罗田县人而非麻城县人。有关明清时期地方志修纂的复杂过程和意涵，近期研究参见唐立宗：《明代石阡府的方志及其编纂：兼论黔东地区府志的编刊历程》，载《台湾政治大学历史学报》，2022(57)，1～50 页。

④　《民国麻城县志前编》卷十五《杂志·轶事》，30a～30b 页，收入《中国方志丛书》华中地方第 357 号，总 1393～1394 页，台北，成文出版社，1975。

⑤　李隆献综合考察和分析了中国历史上的复仇观念，见其《复仇观的省察与诠释：先秦两汉魏晋南北朝编》，台北，台湾大学出版中心，2012。尤其参见第六章"先秦至唐代'鬼灵复仇'的省察与诠释"，263～335 页。

⑥　(北魏)慧觉等译撰，温泽远等注译：《贤愚经》卷十《儿误杀父品第四十》，468～470 页，广州，花城出版社，1998，排印本。故事梗概：一对父子出家为僧，到一村化缘，天黑，父子离村回寺。父亲年老，行动迟缓，儿子帮扶父亲，不料推跌父亲，即时死亡。佛祖解释说：过去有一对父子，父亲病重卧床，被虻蝇叮咬，儿子希望父亲可以安睡片刻，拿出大杖驱赶虻蝇，不料误杀父亲。现在，被儿子推倒摔死的父亲，就是从前用大杖误杀父亲的儿子；而把父亲推倒摔死的儿子，就是从前被儿子用大杖误杀的

父亲。留意：迄今为止《贤愚经》存世的宋碛砂大藏经、契丹藏、高丽藏、大正藏四版本，其卷数编次往往不同，见梁丽玲：《〈贤愚经〉研究》，17～22 页，收入《中华佛学论丛 34》，台北，法鼓文化，2002。

⑦　梁丽玲：《〈贤愚经〉研究》，69～71、95 页，台北，法鼓文化，2002。

⑧　卢肇《逸史·卢叔伦女》这则故事，转载于(宋)李昉等编：《太平广记》卷一百二十五《报应二十四·冤报》，885～886 页，北京，中华书局，1961，排印本。近期相关研究，参见余沛翃：《〈太平广记〉报应故事的果报观》，载《文学前瞻》，2000(10)，39～52 页。

⑨　兹举三例。第一例：商人王兰，身怀巨资，投宿旅店，一夕暴毙。旅店掌柜夫妻偷偷埋葬商人，侵吞其资财。后来夫妻生下一子，极为俊俏，取名玉童，但玉童品性不良，挥霍无度，十七岁就"死于酒色"，把旅店掌柜夫妻"不义之财，已耗大半"。旅店掌柜夫妻悲痛不已，又倾巨资请和尚道士打斋打醮。有一和尚托钵求食于旅店掌柜家五里之外，得一女子指示，说自己家无饭可施，但某处有大户"正设斋醮，和尚宜往彼乞食"。和尚觉得奇怪，问这位女子何以知道，女子说自己前身就是王兰，投宿旅店，不幸病死，旅店掌柜夫妻侵吞自己资财，自己向阴司告状，阴司冥官认为王兰确实是病死，旅店掌柜夫妻并没有谋害王兰，所以"未可追摄"，拒绝追究旅店掌柜夫妻，但批准王兰投胎成为旅店掌柜夫妻儿子，以便收取原属王兰自己的资财，又批准王兰另分一身，投胎成为女子，住在旅店掌柜夫妻家五里外。王兰继续通过那位女子告诉和尚：自己收取资财的行动即将结束，旅店掌柜夫妻仍有"红罗十匹"，可以指明索取。和尚依言去找旅店掌柜夫妻化缘，旅店掌柜夫妻说午饭时间已过，也没有钱了。和尚说："红罗十匹尚在，岂不可舍？"旅店掌柜夫妻大惊，问和尚何以知道，和尚转述女子所言，旅店掌柜夫妻慌忙到五里外人家找到这位女子，得知她也是十七岁，旅店掌柜夫妻非常悲痛悔恨，相继死亡。见(宋)洪迈：《夷坚志》志补卷六，6a～6b 页，上海，商务印书馆，1927，上海涵芬楼藏版，据严久能景宋钞本、黄荛圃校旧钞本、明钞本、明刻本校勘。王兰的故事与《太

平广记》所引《逸史·卢叔伦女》故事如出一辙。

第二例：永嘉人徐辉仲在丹阳向一商人借钱，尚未还债，商人死亡，并无债务合同，徐辉仲乐得赖债，偷偷回家。后来徐辉仲夫妻生下儿子，极为聪敏，深得徐氏夫妻宠爱，但活到八岁就病死了，临死之前透露玄机，说自己就是被徐辉仲赖债的丹阳商人，是来收取债款的，现在收取债款已足，就要走了。这八岁小儿说完这番话就死了。见（宋）洪迈：《夷坚志》志补卷六，6b～7a 页，上海，商务印书馆，1927。

第三例：有一僧人，与平江富翁陆大郎认识，把自己产业寄托在陆大郎户名下。陆大郎侵吞僧人产业，僧人与陆大郎打官司，因陆大郎贿赂衙役而败诉。僧人遂焚香祈求神灵让自己转世为陆大郎儿子以取回自己资财。后来，僧人死亡，再过一年，陆大郎夫妻生下儿子，极为疼爱，命名为小大郎。小大郎生性不良，挥霍无度，陆大郎死后，小大郎继续挥霍，不仅耗尽陆大郎资财，还砍伐陆大郎坟墓的树木，又借口风水欠佳，命人掘开陆大郎坟墓，变卖其陪葬品，焚烧其遗体，把骨灰撒进湖中。见（宋）郭彖：《暌车志》卷五，45～46 页，收入《丛书集成初编》2716 号，长沙，商务印书馆，1939，据《稗海》《古今说海》本排印。

⑩　这两种族谱分别是：杨树滋纂修《杨氏宗谱》，清白堂藏版，光绪十八年(1892)刊，上海图书馆家谱中心编号 1031059-1067，原谱十卷，缺卷二，存九册；杨昌益纂修《杨氏宗谱》，1925 年木活字本，上海图书馆家谱中心编号 1041695_1702，不分卷，存八册。

⑪　杨恺丞、杨芝轩等编纂《杨氏宗谱》，民国八年刊，二十八卷，二十八册，藏耶稣基督后期圣徒教会家谱图书馆，编号 107474831-58。留意：卷首页码并不连贯，每篇文章重编页码。以下该书称《民国八年杨氏宗谱》。

⑫　(清)杨守愚：《同范公传》，见《民国八年杨氏宗谱》卷首。

⑬　根据乾隆二十二年《题为会审湖北省杨同范等缓决各犯乾隆二十二年秋审仍拟缓决请旨事》，中国第一历史档案馆藏刑科题本，电子档号 02-01-007-016952-0007，可知杨同范至乾隆二十二年尚在人间。感谢中国

人民大学清史研究所胡恒教授提示。

⑭ 杨同范：《狱中俟命序》，见《民国八年杨氏宗谱》卷首，1a 页。

⑮ 《民国麻城县志前编》卷八上《选举志二·科贡表》，5b 页，收入《中国方志丛书》华中地方第 357 号，总 596 页，台北，成文出版社，1975。

⑯ 侯天柱：《〈狱中草〉序》，见《民国八年杨氏宗谱》卷首，1a～2b 页。

⑰ 杨正楷：《书〈书麻城狱〉》，见《民国八年杨氏宗谱》卷首，1a～3a 页，但第二页页码重复，所以全文总共三页半。

⑱ 杨正楷参与采访"节烈"，见 (清) 郑庆华修，潘颐福纂：《麻城县志》卷首，12b 页，中国数字方志库光绪二年刊本。该志比较特别之处，是用《千字文》为采访人员编号，并在该志卷三十二至卷四十一列女、烈贞等接近一千五百则事迹下写上采访员编号，以便知悉哪则事迹由哪位采访员撰写。杨正楷的采访员编号是"辰"，但可惜，遍查卷三十二至卷四十一，并没有"辰"字采访员的记录，原因不详。

结　论

麻城杨氏案作为一宗司法案件，极为复杂。而《自警录》作为一个文本，与戏曲《一线天》、袁枚《书麻城狱》、麻城《杨氏宗谱》内的《同范公传》、《麻城县志》等文本的互文性、嬗变、诠释、话语权争夺过程，也同样复杂。笔者在文本方面的讨论似已足够，此时也不宜继续纠缠于"文本"，而应该着眼于"历史"，对麻城杨氏案作出法制史层面、性别史层面、地方社会史层面的总结了。

一、法制史层面

就法制史层面而言，麻城杨氏案暴露出清朝司法制度之重大缺陷。若论官僚科层组织之庞大，律令之繁缛，验尸、审讯、破案限期、法医制度、驳案审转等程序之严密，十八世纪中国的司法制度可以说是相当壮观的。可惜，这座壮观的巨塔，却建立在浮沙之上。对此又可以分成两方面来讨论。

第一，传统中国司法制度着重"口供"，也允许刑讯，尽管所有被纳入"官箴书"范畴内的行政手册与法学著作都谴责刑讯逼供之不科学、不人道，尽管不是所有官员在审案时都必然拷打犯人来录取口供或判别真伪，但刑讯的确是清朝司法制度的"标配"之一。即便是正直的官员，也因此视刑讯为审案的合法手段之一。更何况清朝在要求口供、允许刑讯的基础上，又增加及强化了审案期限的规定，地方官为保乌纱帽，就往往使用刑讯手段，追求"适用"口供。[①] 套用社会学理论概念，刑讯合法、口供必要、审案期限严格这三条规则叠加起来，无意中造成了最可怕的后果。[②] 在麻城杨氏案中，不仅作为酷吏的高人杰、黄峨中乐于刑讯，就连被汤应求称赞的蒋嘉年也同样通过刑讯李宪宗、陈文等以追查真相，甚至朝廷命官汤应求本人，一旦被革职查办，也要遭受"三木之极刑"③。刑讯逼供这道司法程序，也成为十九世纪以来外国列强在中国实行"治外法权"的借口之一。直至宣统二年(1910)，刑讯逼供才被沈家本在其《刑事诉讼律草案》第三百二十六条内斥为"口供主义"而明文废止。④

第二，中国仵作地位低微，导致侦案的科学基础无法建立或改进。⑤虽然十三世纪的《洗冤录》为中国创造了司法检验的高峰，但是，五百年后，麻城杨氏案中，仵作仍根据《洗冤录》的指引而蒸刮尸体，用铁线串联成一副骨殖，然后再根据《洗冤录》的定义来争辩尸体的性别，官员又严肃讨论"刺血滴骨验亲法"之可行性。看着《自警录》中的这一幕，即使我们以温情与敬意来抵消现代人的傲慢与偏见，恐怕也无法改变"十八世纪中国司法检验落后"这个结论。⑥同时，仵作地位低微，其验尸报告完全为长官意志所凌驾，可随时被官员添改。法医学基础如此脆弱，而要求司法制度之操作公正、有效，不亦难乎!

　　然而,法医学知识基础脆弱事小,口供主义和刑讯之延续,才是清朝司法制度的致命伤。约翰·朗本(John H. Langbein)1976年之名著探讨欧洲司法制度中放弃刑讯的历史过程,指出其原因不在于启蒙运动思想家之提倡人道,而是早在启蒙运动之前,英国陪审团制度的出现、欧洲大陆证据法的应用,就已经有效地让欧洲司法机关毋庸依靠嫌犯口供来审案。美国遭受"九一一"恐怖袭击后,用兵阿富汗、伊拉克期间,被传媒发现采用刑讯方式收集反恐情报。朗本深感不安,重刊此书,写一新序,语重心长地指出:"刑讯是真相的敌人。为追求真相而容许刑讯或为刑讯制定规条,古往今来都会失败。"[7]此语堪为麻城杨氏案之最佳谶词。

二、性别史层面

　　就性别史层面而言,麻城杨氏失踪一案值得探讨之处甚多。张伟然关于湖南省东南地区已婚女性过世后女家亲属到男家出席丧礼"讨鼓旗"的风俗的研究，显示出婚姻制度中男女双方家族关系的紧张，已婚女性的丧礼成为女方家族和男方家族角力的场所。[⑧]麻城虽远离湖南省东南，但男女双方家族角力的情况同样存在。杨氏作为已婚女性，在春节期间回娘家省亲，是十八世纪麻城县的风俗。杨氏省亲完毕，由哥哥杨五荣送回夫家，虽云正常之极，但也反映出舅子对于已婚女性的重要性。此后涂杨二姓互控期间，杨五荣作为舅子而告状，杨同范作为杨氏宗族之读书人而延续诉讼，都体现出女性的宗族力量之强大。

讽刺的是，杨氏的宗族力量甚为强大，强大到完全压制了杨氏的声音，《自警录》内也完全没有收录杨氏的口供，我们只知道她原本是王家的童养媳，未婚而王姓丈夫过世，才于雍正六年(1728)改嫁涂如松。雍正八年(1730)正月二十四日杨氏从娘家省亲回涂家，与涂如松和婆婆口角而离家出走，也许反映出杨氏在涂家生活不愉快，已非一朝一夕。杨氏与冯大有一段婚外情，与丈夫口角之后离家出走，由冯大窝藏一段时间后转移回杨氏宗族，继而由杨氏宗族藏匿若干年。杨氏是身不由己的合谋者，也是受害者。官府以"杨氏被匿，不能自由，亦应请照'和诱'例拟，系妇人，照例折枷号两月，满日，杖一百，折责四十板，给与伊夫，听其去留"⑨。官府明白杨氏被自己宗族成员藏匿，是身不由己，但是与冯大通奸，干犯"和诱"的法律，就以这一条律例惩处杨氏。杨氏之后的命运如何，不得而知，但正如赖慧敏、朱庆薇研究十八世纪妇女拐逃案件时指出，当时社会的公私控制力量仍然极为不利于女性之自主和维权。⑩

　　袁枚《书麻城狱》一文，谓陈鼎抓获杨氏之后，让杨氏和被拷打得不成人形的涂如松在公堂上相认，杨氏想不到涂如松受到如此残酷的折磨，抱着涂如松大哭说"吾累汝！吾累汝"，足见袁大才子(或称袁大导演)还是安排了比较正面的戏份予杨氏，这也透露出袁枚对杨氏的同情。可是，话又说回来，杨氏与涂如松婚姻不如意，大概是真实的。从古至今，婚姻不愉快的夫妻，似乎为数不少。仅就十八世纪中国而论，被夫家以各种理由休掉、驱逐的妻子，亦云夥矣。能够离家出走的妻子，恐怕不多；离家出走之后，又能连续几年由娘家窝藏，对夫家造成最严厉的诬告和打击，这样的妻子，恐怕更是少数。然则杨氏是命运坎坷、任人摆布的女子，还是充满机心、实现复仇的十八世纪版"消失的爱人"（gone girl）？[11]

三、地方社会史层面

就地方社会史层面而言[12]，麻城杨氏失踪案引发的思考空间更大。十八世纪的麻城县究竟是个怎样的社会？笔者受历史人类学熏陶，懂得问这问题，但要得出一个令自己满意的答案，仍需要长期思考研究。罗威廉认为麻城是个弥漫着暴力的社会，杨氏案的结局是涂姓动员数以百计武装人员夷平杨姓村庄，还把杨姓村庄建筑（祠堂?）挖成深坑。[13]但是，十八世纪以降，中国大江南北，社区暴力一度颇为普遍，较之十八世纪末福建漳泉械斗、十九世纪末广东土客械斗，麻城县的械斗恐怕只算是小巫。《自警录》也只提及涂杨二姓互控，完全没有提到二姓之间爆发械斗。当然，《自警录》毕竟非麻城县人编纂，忽略麻城本地传说和记忆，并不奇怪。但是无论如何，杨氏失踪案所引发的涂杨二姓矛盾，并不像是"械斗"，或者说，也许后来真有械斗的情节，但是，二姓矛盾主要还是体现为"文斗"，也就是诉讼。这里出现了一个很关键的问题，笔者仍然暂时回答不了：涂杨二姓真只是因为杨氏失踪而诉讼？二姓之间似乎应该有更长期、更深刻的矛盾，必须在麻城县当地社会的脉络和文献之中才有希望找出答案。这一部分的工作笔者暂时未完成，但似乎可以讨论一下诉讼的现象。

比起械斗，诉讼更像是清代中国的"普遍法则"之一，许多官员痛心疾首于百姓健讼，令儒家"无讼"的理念破产，对此哀鸣不已。可是，夫马进就把前近代中国形容为"诉讼社会"。伍跃以巴县档案为例，指出官员胥吏对于诉讼是推波助澜，乐见其成。为此，他把论语名句"必也使无讼乎"改为"必也使有讼乎"，一新读者之耳目。[14]张小也关于清代湖北两宗诉讼之研究，对于笔者思考麻城杨氏案尤有帮助。她研究道光十六年（1836）湖北崇阳县因差役浮收漕粮而引发的钟人杰聚众造反事件，指出之前有长达七年的诉讼纠纷，之后又衍生出官方叙述、文人著述和民间唱本《钟九闹漕》，这些文本体现出区域社会与国家制度之互动，地方记忆与官方话语之矛盾。[15]同样，麻城杨氏失踪案也衍生出汤应求《自警录》、戏曲《一线天》、袁枚《书麻城狱》和杨同范后人《同范公传》等争夺话语权的不同文本。张小也研究汉川县黄氏宗族汈汊湖水域产业在明清时期的诉讼文书《湖案》，发现了其中民间秩序与民事审判的"伴生关系"。有趣的是，她提到《湖案》内明清两朝官员处理诉讼的分别：明朝官员十分横暴，滥刑拷打，而清朝官员则十分克制，完全不用刑讯，而是诉诸证据、兼用情理来推导出判决。[16] 这和麻城杨氏案内官员之滥刑逼供，不啻天壤，也可见即使有清一朝、湖北一省，官员审案之刑讯锻炼，亦非处处皆然。

杨国安研究明清时期两湖地区的社会结构，认为在治安和赋税这两个重大领域之外，国家权力的边界是模糊而不确定的，国家权力的介入是选择性的。[17] 笔者深受启发。清代中国作为一个"诉讼社会"，社会成员均惯于、乐于、善于援引国家力量，保护自己、打击对手。因此，官府往往被动卷入诉讼，麻城杨氏案的开端，就是杨姓之主动告官和涂姓之反告。此案拖延一年而不决，却因为一具尸体的发现而启动了清朝政府因为"命案"而设定的整套严格司法程序：汤应求因为填写验尸报告的轻微错误而受罚，高人杰、黄甿中在审转期限压力下厉行刑讯锻炼来提取"适用"口供；陈鼎抓获杨氏而朝廷不得不翻案。原本模糊不定的国家权力，如今在杨氏失踪案内展现出它的严厉面目了。但是，陈鼎的《自警录》序言和杨守愚的《同范公传》都透露出地方社会的脉动。陈鼎说自己甫上任就听到县丞杨瀚说杨氏案是冤案，当地久旱不雨，也是冤情所致。[18] 杨守愚的《同范公传》也说当地许多人知道杨氏案的真凶是杨五荣而非杨同范。换言之，杨氏不是被涂如松杀害而是被哥哥杨五荣窝藏，对此，麻城县当地不少人，包括麻城县衙门的官员，早就知道。为什么决定突击搜查杨五荣家抓捕杨氏的是陈鼎？这个问题并非无稽之问。陈鼎之前有两任麻城县知县：李作室、李肇梅。[19] 李作室是冤案的共犯之一，因为他会同高人杰审理杨氏案，完全听从高人杰指挥。李肇梅在杨氏案中的角色不详，总之，抓捕杨氏、促成翻案的，既非陈鼎前任知县也非其后任知县，可以说是多少有些随机和偶然的。这难道不正反映出国家权力的边界模糊和选择性介入？

清朝麻城人邹光廷题咏当地名胜龟峰，有句云"海上晖腾峰顶见，洲边草长雾中看"[20]。所谓言者无心听者有意，作者强调从龟峰放眼观览河山的快意，笔者倒是觉得这两句道出了本书的局限。麻城杨氏案有待深入研究之处仍多，希望日后能够走下高峰，落到实地，从十八世纪的历史脉络中把握这宗奇案。

注　释

① 关于清朝审转制度与司法制度在中央—地方层面之互动，研究论著丰富，近期著作参见郑小悠：《"部驳议处"制度下的清代刑部与地方法司》，载《文史》，2019(4)，239~260 页；史志强：《冤案何以产生：清代的司法档案与审转制度》，载《清史研究》，2021(1)，52~65 页。

② 社会学理论内关于无意后果的概念，最早由罗伯特·莫顿(Robert K. Merton)提出，参见其 *Sociological Ambivalence and Other Essays*, New York, Free Press, 1976, pp. 152-162。

③ (清)汤应求：《麻城县大狱纪略》，见《自警录》卷首，14b 页。

④ 转引自黄源盛：《近代刑事诉讼的生成与展开——大理院关于刑事诉讼程序判决笺释(1912—1914)》，载《清华法学》，2006(2)，94、120 页。

⑤ 参见张哲嘉：《"中国传统法医学"的知识性格与操作脉络》，载《"中央研究院"近代史研究所集刊》，2004(44)，1~30 页。

⑥ 关于《洗冤录》的近期研究，参见陈重方：《清〈律例馆校正洗冤录〉相关问题考证》，载《有凤初鸣年刊》，2010(6)，441~455 页。

⑦ John H. Langbein, *Torture and the Law of Proof: Europe and England in the Ancient Régime*, Chicago, The University of Chicago Press, 2006, p. xii.

⑧ 张伟然：《讨鼓旗——以女性丧礼为中心的经济与法律问题》，载《历史人类学学刊》，2003(2)，115~131 页。女性过世后，女家亲属，尤其是死者兄弟，即相对死者的儿子而言的"舅公"，会来出席丧礼，夫家要毕恭毕

敬，向女家亲属提供一定的补偿，女家亲属也往往会"闹事"，是之谓"讨鼓旗"。

⑨　《自警录》文件 69，卷四，26a 页。

⑩　赖慧敏、朱庆薇：《妇女、家庭与社会：雍乾时期拐逃案的分析》，载《近代中国妇女史研究》，2000(8)，1～40 页。

⑪　《消失的爱人》(*Gone Girl*)是美国当代女作家吉莉安·芙琳(Gillian Flynn)出版于 2012 年的小说，后来被改编为电影。大略谓一对夫妻反目，妻子艾米(Amy)藏匿自己，伪造证据，引导警察怀疑丈夫尼克(Nick)杀妻。真相暴露之后，艾米又伪造说辞，谓自己是被另一人绑架，身不由己，最后成功洗脱所有嫌疑，还牢牢控制着丈夫尼克。

⑫　"地方社会""地域社会""区域社会""历史人类学"等概念，在笔者眼中都大同小异，都体现研究者对于个别地区的历史文化的独特性的敏感。但"地域社会"这个概念主要由日本学者森正夫等提出，有其独特的日本学术脉络。"历史人类学"强调田野调查，可惜笔者尚未展开麻城县的田野调查，所以笔者倾向于使用比较宽泛的"地方社会史"这个概念。

⑬　William T. Rowe, *Crimson Rain: Seven Centuries of Violence in a Chinese County*, Stanford, Stanford University Press, 2007, p. 38.

⑭　伍跃：《必也使有讼乎——巴县档案所见清末四川州县司法环境的一个侧面》，见徐世虹主编：《中国古代法律文献研究(第七辑)》，380～410 页，北京，社会科学文献出版社，2013。

⑮　张小也：《史料、方法、理论：历史人类学视角下的"钟九闹漕"》，载《河北学刊》，第 24 卷，第 6 期，2004，162～170 页。

⑯　张小也：《明清时期区域社会中的民事法秩序——以湖北汉川汈汊黄氏的〈湖案〉为中心》，载《中国社会科学》，2005(6)，189～201、209 页。关于明清官员处理"湖分"诉讼的差别，见 195 页。

⑰　杨国安：《国家权力与民间秩序：多元视野下的明清两湖乡村社会史研究》，395～398 页，武汉，武汉大学出版社，2012。

⑱　《自警录》卷首，陈鼎序，5a 页。这位县丞杨瀚是无锡人，应该与麻城杨氏无关。

⑲　《民国麻城县志前编》卷六《职官志·文秩官表》，18b 页，收入《中国方志丛书》华中地方第 357 号，总 424 页，台北，成文出版社，1975。

⑳　(清)黄书绅纂修，麻城市地方志办公室校订：《麻城县志》，总 399 页，麻城，麻城市地方志办公室，1999。

附　录

附录一 麻城杨氏案大事记

雍正八年正月十三日(1730 年 3 月 1 日)：杨氏回娘家拜年。[①]杨氏原为王家童养媳，尚未成婚，丈夫王祖儿过世，杨氏于雍正六年改嫁涂如松。[②]

雍正八年正月二十四日(1730 年 3 月 12 日)：杨氏兄长杨五荣送杨氏回婆家，杨氏当晚失踪。之后涂杨二姓互控，杨姓指涂如松杀害杨氏，涂姓否认，指杨氏拐逃。[③]

雍正八年十月十七日(1730 年 11 月 26 日)：汤应求署理麻城县知县。[④]

雍正八年十一月二十七日(1731 年 1 月 5 日)：汤应

求向黄州府提交报告。(1)杨氏并非遇害;(2)涂杨二姓要继续追查杨氏下落;(3)杨姓宗族的生员杨同范、刘存鲁包揽词讼,宜革除二人"衣顶"。⑤

雍正九年五月二十四日(1731年6月28日):麻城县亭川乡沙井区保正刘兆唐报告县衙门,昨天(二十三日)在赵家河沙滩发现一具尸体。⑥

雍正九年五月二十七日(1731年7月1日):汤应求抵达现场验尸。⑦是为第一次验尸。

雍正九年六月二日(1731年7月5日):汤应求递交验尸报告。⑧

雍正九年六月二十三日(1731年7月26日):杨五荣告状,暗示赵家河沙滩尸体就是杨氏。⑨

雍正九年八月九日(1731年9月9日):汤应求建议用"滴骨法"确定尸体是否杨氏⑩,黄州府知府推荐由广济县知县高人杰接手审案。⑪汤应求反对无效。⑫

雍正九年十月二十四日(1731年11月23日):广济县知县高人杰率领黄冈县仵作薛必奇验尸,判断尸体为女性，且有伤痕。⑬是为第二次验尸。

雍正十年七月（1732 年 8 月 20 日—1732 年 9 月 18 日）：高人杰、李作室经过九个多月的调查，判定涂如松杀害杨氏，但汤应求并不知情。⑭是为高李版本一。

雍正十年八月八日（1732 年 9 月 26 日）：护理黄州府知府蒋嘉年四次驳回高李版本一，高李指涂如松杀害杨氏，汤应求受贿掩饰。⑮是为高李版本二。湖北按察使唐继祖于九月下令蒋嘉年重审。⑯

雍正十年十月二十二日（1732 年 12 月 9 日）：蒋嘉年奉唐继祖十月十一日（11 月 28 日）命令，于此日带同高人杰、李作室、汤应求验尸，判断尸体为男性。⑰是为第三次验尸。

雍正十一年二月二十七日（1733 年 4 月 11 日）：汤应求向奉命重审该案的黄冈县知县畅于熊、蕲水县知县汪歆陈述案情，补充新线索——尸体是卢斋公。⑱

雍正十一年五月一日（1733 年 6 月 12 日）：畅于熊、汪歆认为汤应求审案马虎、增删验尸报告，但对于高李版本二所谓涂如松杀害杨氏、汤应求受贿掩饰等，则不予理会；又建议比对赵家河沙滩尸体头颅与刘有三头颅，隐然维护汤应求。[19]

雍正十一年五月二十三日(1733 年 7 月 4 日)：唐继祖早前同意畅汪二令建议，调黄陂县知县黄奭中主持比对头颅工作。然而，是日二更，洪水暴发，赵家河沙滩尸体被冲走。[20] 此日正好是赵家河沙滩尸体被发现两周年。

雍正十一年八月二日(1733 年 9 月 9 日)：圣旨批准五月二十五日(7 月 6 日)湖北巡抚德龄对汤应求的题参——汤应求玩视人命、增删验尸报告，须革职审查。[21]

雍正十二年十月(1734 年 10 月 27 日—1734 年 11 月 24 日)：咸宁县知县邹允焕、黄陂县知县黄奭中奉湖广总督命令，接手审理该案。约十四个月后，于此日判定涂如松杀害杨氏，拟绞监候；蔡灿贿赂汤应求并改装尸体，拟斩立决；汤应求受贿掩饰，拟绞监候。[22] 是为邹黄版本。

雍正十三年七月二十日(1735 年 9 月 6 日)：湖北巡抚杨鑑于十二年十二月二十日(1735 年 1 月 13 日)上呈邹黄版本。十三年三月九日(1735 年 4 月 1 日)，圣旨批准，命三法司核拟；七月十二日(8 月 29 日)，三法司同意邹黄版本；七月十七日(9 月 3 日)，世宗下旨批准。本日，刑部关于将蔡灿斩立决的命令从京师寄发武昌。㉓

雍正十三年七月二十四日(1735 年 9 月 10 日)：麻城县知县陈鼎经长期调查，带同衙役，于本日黎明突击搜查杨五荣家，逮捕杨氏。㉔

雍正十三年八月八日(1735 年 9 月 23 日)：刑部七月二十日(9 月 6 日)有关将蔡灿斩立决的命令抵达武昌㉕，但翻案工作已经开始，蔡灿性命得保。

雍正十三年八月二十三日(1735 年 10 月 8 日)：清世宗崩。㉖

雍正十三年十二月八日(1736 年 1 月 20 日)：内阁转发上谕，湖广总督迈柱与湖北巡抚吴应棻对于麻城杨氏案"各持意见"，如今二人奉旨入京，由署任湖广总督

的户部尚书史贻直到任后再审。㉗

雍正十三年十二月十六日（1736 年 1 月 28 日）：吴应棻分别于雍正十三年十一月七日（1735 年 12 月 20 日）、二十二日（1736 年 1 月 4 日）题参高人杰、黄奭中，圣旨分别于十二月一日（1736 年 1 月 13 日）和本日批准。㉘

乾隆元年三月二十日（1736 年 4 月 30 日）：汉阳府孝感县知县金虞、荆门州知州张镇奉史贻直命重审麻城杨氏案，本日交出会审报告。赵家河沙滩尸体的真正身份，是生员董脩五开户仆人卢斋公；杨氏与丈夫涂如松口角后，离家出走，杨姓生员杨同范一面窝藏杨氏，一面利用赵家河沙滩尸体指控涂如松杀害杨氏；蔡灿、汤应求没有行贿受贿，但汤应求确实有改易验尸报告；高人杰、李作室、邹允焕、黄奭中等官员审案出错，须分别惩处；但涉案诸人均宜援引雍正十三年九月三日（1735 年 10 月 18 日）恩诏获赦免、减等。㉙是为金张版本，也是麻城杨氏案的官方定案版本。此版本经史贻直层层上达，均获批准。

乾隆元年十二月七日(1737 年 1 月 7 日)：高宗下旨，杨同范、杨五荣不可援引恩诏赦免，分别改判斩监候、绞监候，其余人等均依照金张版本处置。㉚

附录二　麻城杨氏案人物表

A	安图	号良斋，满洲正蓝旗人，湖北按察使，参与杨氏案之翻案
C	蔡灿	即蔡茂占，承充约正，兼管社谷，协助涂姓一方的生员，被判处斩立决，因杨氏复出人间而生还
	蔡三	蔡五的兄长，被指与蔡秉乾、蔡五抬埋杨氏尸体
	蔡五	蔡三的弟弟，被指与蔡秉乾、蔡三抬埋杨氏尸体
	蔡秉乾	被指与蔡三、蔡五抬埋杨氏尸体
	蔡奠安	据乾隆元年三月金张判词，属于"无干"，准许保释
	蔡观光	佐证
	蔡茂占	即蔡灿
	曹志绅	麻城县儒学教谕
	畅于熊	湖北黄州府黄冈县知县，与蕲水县知县汪歂参与麻城杨氏案第四阶段审讯，支持汤应求

C	陈禅	汤应求笔下"中调枉陷之爪牙"之一
	陈鼎	字志和,雍正十三年任麻城县知县,抓获杨氏,为麻城杨氏案翻案
	陈文	麻城县捕役,被指收受涂如松贿赂,妆点赵家河沙滩尸体
	陈玉	汤应求笔下"蠹胥"之一
	陈克遂	涂如松的胛邻
	陈兰森	陈宏谋孙子,为刘乃大歌颂汤应求事迹的画作撰写题记《题〈后凋图〉》,该文被收进《自警录》卷首
	陈时如	"陈四儿"之误写
	陈世偣	陈鼎的叔父或伯父
	陈世信	即陈世偣,《自警录》误为陈世信
	陈四儿	陈文已故兄长
	陈志儿	陈文侄儿、袁氏孙子,协助袁氏把已故儿子陈四儿尸体的脚骨截下
D	戴卜年	佐证
	戴九思	涂如松邻居
	戴用六	佐证
	德龄	接替王士俊的湖北巡抚
	邓断公	疑为"邓维公"之误写
	邓茂方	"邓茂芳"之误写

D	邓茂芳	蔡灿妻舅，由麻城县儒学委派担保蔡灿的保户，与蔡灿一同逃亡
	邓茂芝	蔡灿妻舅，由麻城县儒学委派担保蔡灿的保户，与蔡灿一同逃亡
	邓士灿	号其晖，江南长洲县人，荆州府知府，参与杨氏案翻案工作
	邓维公	雍正十二年十月被邹黄二令宣判"无干"
	丁嗣先	麻城县亭川乡沙井区的牌邻
	丁宗劳	丁宗荣之误写
	丁宗荣	麻城县亭川乡沙井区的牌邻
	董通安	杨同范姻亲，宣称卢斋公是董通安仆人
	董脩五	麻城县举人，卢斋公的主人，但已经与卢斋公脱离主仆关系
	督部堂史	史贻直
F	藩宪安	安图
	冯大	杨氏与王祖儿结婚期间的婚外情对象
	抚部院吴	吴应棻
	抚都宪杨	湖北巡抚杨馝，《自警录》误写为"杨必番"
G	甘林	汤应求笔下"蠹胥"之一
	高起	荆南道，署理湖北按察使
	高忠	靳水县仵作，参与第三次验尸
	高人杰	湖北黄州府广济县知县，奉命接替汤应求调查杨氏失踪案，为汤应求主要对手

	韩择吉	父亲坟墓位于七里岗，遭蔡灿及其仆人何成、万贯盗出以置换杨氏尸体
	汉阳府田胡	田三乐、胡振鹭
	郝胜	蒋嘉年主持验尸期间的差役
	何成	蔡灿家人，被指协助蔡灿盗挖韩择吉父亲尸体，以置换杨氏尸体
	胡文模	麻城县监生，将刘有三尸体偷葬自己亲属墓穴附近作为"护穴"之用
H	胡振鹭	号西亭，浙江嘉兴县人，署汉阳知府，参与杨氏案之翻案
	胡振组	疑即胡振鹭
	黄升	麻城县差役
	黄承齐	麻城县儒学门斗，负责担保蔡灿
	黄孔文	杨五荣邻居
	黄奭中	汉阳府黄陂县知县，与武昌府咸宁县知县黄奭中参与杨氏案第五阶段的审讯
	黄贞吉	佐证
	黄州府康	康忱
	简臣	汤应求字号
	姜荣	汤应求任职凤阳府同知时期的仆人
J	姜承奉	涂如松的牌邻
	姜大安	涂如松的牌邻
	姜道行	涂如松的牌邻

	江能次	涂如松的牌邻
	姜文偕	涂如松的牌邻
	姜宣友	涂如松的牌邻
J	蒋嘉年	蕲州知州，署理黄州府知府期间，四度驳回高人杰、李作室有关杨氏案的初审报告，又参与赵家河沙滩尸体第三次验尸
	金虞	号掌孺，浙江钱塘县人，汉阳府孝感县知县，与张镇主持杨氏案之翻案工作
	荆门州张	张镇
	荆州府邓	邓士灿
K	康忱	黄州府知府
L	李枚	"李梅"之误写
	李梅	汤应求署理麻城县时期的衙役
	李牧	"李梅"之误写
	李荣	麻城县仵作，在汤应求指挥下检验赵家河沙滩尸体，在袁枚《书麻城狱》内化为厉鬼向杨同范报复
	李四	被指与蔡三、蔡五兄弟、蔡秉乾三人协助埋藏杨氏尸体
	李明机	杨五荣亲戚，借驴予杨氏乘骑返回婆家
	李如常	雍正十二年十月被邹黄二令宣判"无干"
	李如宗	"李儒宗"之误写
	李儒宗	李四父亲

L	李天祥	接替蒋嘉年之黄州府知府
	李献宗	"李宪宗"之误写
	李宪宗	麻城县刑书，被指收受涂如松贿赂，改易赵家河沙滩尸形
	李宗儒	"李儒宗"之误写
	李作室	接替汤应求的麻城县知县，在杨氏案中基本上不作为，听任高人杰摆布
	莲宇	陈世佋字号
	莲字	陈世佋字号"莲宇"之误
	梁森傅	涂如松的牌邻
	梁森杲	汤应求笔下"中调枉陷之爪牙"之一
	刘氏	杨同范妻子
	刘五	被僧人能辙、罗坤玉举报窝藏妇人于家中
	刘存鲁	生员，又名刘宗道，杨同范岳父
	刘公乃大	即刘乃大，字有容，书画家，绘《后凋图》歌颂汤应求事迹
	刘来寿	蔡灿已故仆人
	刘兴秀	涂如松的牌邻
	刘有三	原本安葬于黄冈县牛车河，麻城县监生胡文模命人偷偷将其遗体改葬于自己亲属墓穴附近，作为"护穴"之用。事发后，由畅于熊审理，经刘有三儿子"滴血"程序验明正身

L	刘兆唐	麻城县亭川乡沙井区保正，接获赵巨年报告后，到赵家河沙滩检验尸体
	刘兆堂	"刘兆唐"之误写
	刘宗道	即刘存鲁
	卢三儿	卢斋公侄儿
	卢斋公	举人董脩五的仆人，已与董脱离主仆关系，在王家堰捞鱼失足溺毙，被侄儿卢三儿掩埋于赵家河沙滩。该尸体成为杨氏案重大争议焦点
	罗氏	冯大的姊姊
	罗坤玉	与僧人能辙报官，谓王一携带一妇藏于刘五之家
	罗万祥	汤应求笔下"线索条贯之傀儡"之一
	罗有济	地邻
M	马灵阿	武昌府知府
	迈柱	湖广总督
	梅正友	汤应求笔下"中调枉陷之爪牙"之一
	孟端	号方臣，正红旗人，署武昌府知府，参与杨氏案之翻案
	闵玉鸣	号补斋，吴兴人，陈鼎幕友
	明魁儒	高人杰幕友
N	能辙	僧人，与罗坤玉报官，谓王一携带一妇藏于刘五之家
	聂维公	雍正十年七月被高李二令判处"供明无辜"
	臬宪袁	袁承宠

Q	钱家暨	湖北武昌府黄梅县知县，奉命调查赵家河沙滩洪水暴发冲走尸体一事是否属实
	秦大泡	汤应求笔下"线索条贯之傀儡"之一
S	僧旦标	汤应求笔下"线索条贯之傀儡"之一
	史贻直	号铁崖，江南溧阳县人，户部尚书，接替迈柱担任湖广总督，主持杨氏案之翻案
	署汉阳县金	金虞
	署臬司荆南道高	高起
	署武昌府孟	孟端
	孙子吴	"孙之吴"的误写
	孙之吴	麻城县儒学训导
T	汤四	据乾隆元年三月金张判词，属于"无干"，准许保释
	汤应求	字简臣，举人，广西桂林府灵川县人，署理麻城县知县，审理杨氏案，编纂《自警录》
	唐继组	湖北按察使
	陶承烈	雍正十年七月被高李二令判处"供明无辜"
	田三乐	号怡圃，山东长山县人，汉阳府知府，主持麻城杨氏案之翻案
	涂新	涂如松邻居
	涂彩石	雍正十年七月被高李二令判处"供明无辜"
	涂大美	涂如松邻居

T	涂方木	涂如松从叔
	涂如松	杨氏第二段婚姻的丈夫，被控谋杀杨氏、掩埋尸体、改易尸形
	涂玉彩	雍正十年七月被高李二令判处"供明无辜"
W	万贵	蔡灿家人，被指协助蔡灿盗挖韩择吉父亲尸体，以置换杨氏尸体
	汪歗	湖北黄州府蕲水县知县，与黄冈县知县畅于熊参与杨氏案第四阶段审讯，支持汤应求
	王柔	接替唐继祖的湖北按察使，有《王柔奏稿》，惜全无杨氏案资料
	王一	被僧人能辙、罗坤玉举报，谓携带一妇人窝藏于刘五家中
	王国瑞	赵家河沙滩附近的居民，写保证书宣称卢斋公是董通安仆人
	王国柱	汤应求笔下"中诇枉陷之爪牙"之一
	王家栋	江夏县仵作
	王克瑞	涂如松的牌邻，据乾隆元年三月金张判词，已经病故
	王礼让	麻城县村民
	王免瑞	"王克瑞"之误写
	王士俊	湖北巡抚
	王廷亮	王祖儿父亲、杨氏前家翁
	王廷兰	王家栋之子

W	王祖儿	杨氏第一段婚姻的丈夫,王祖儿病死后,杨氏改嫁涂如松
	吴应棻	号眉庵,浙江归安县人,湖北巡抚,与湖广总督迈柱就杨氏案龃龉
	武汉黄宪副朱	武汉黄道朱潓
X	萧坦	汤应求笔下"蠹胥"之一
	萧必显	蔡灿已故仆人
	新抚院德	德龄
	新臬司王	王柔
	许氏	涂如松母亲、杨氏家婆
	薛必奇	黄冈县仵作,由高人杰委派检验赵家河沙滩尸体
Y	杨贵	汤应求笔下"蠹胥"之一
	杨实	"杨贵"之误写
	杨氏	麻城县妇女,先嫁给王祖儿,王病逝后改嫁涂如松,为该案主角,又称"三姑"
	杨必番	湖北巡抚"杨馝"之误写
	杨福田	汤应求笔下"线索条贯之傀儡"之一
	杨继三	涂如松的牌邻
	杨敬斋	陈鼎任职麻城县知县时期的主簿,告诉陈鼎杨氏案之冤情
	杨龙光	举人,又名杨物华,与杨同范同姓不同宗,帮助杨姓诉讼

	杨南友	据乾隆元年三月金张判词，已经病故
	杨圣祥	"杨圣祚"之误写
	杨圣祚	杨同范弟弟
	杨思溥	麻城县知县，汤应求前任
	杨廷占	与杨同范同姓不同宗，听从杨同范指使，贿赂仵作李荣，企图将赵家河沙滩尸体说成是女尸
	杨同范	生员，又名杨维模
	杨维楫	杨同范弟弟
	杨维模	即杨同范
	杨维三	涂如松的牌邻
Y	杨五荣	杨氏的兄长，一面藏匿杨氏，一面控告涂如松杀害杨氏
	杨物华	即杨龙光
	阳耀祖	号芸樵，汤应求后辈同乡，道光初年历任广东广州府新会县知县等职，道光八年刊行朱栱辑校的《自警录》
	杨有贤	涂如松的牌邻，据乾隆元年三月金张判词，已经病故
	杨有质	"杨有贤"之误写
	杨在佑	杨五荣堂叔
	杨正士	杨同范父亲，又名杨琏
	杨忠溥	"杨思溥"之误写

続表

Y	喻其远	涂如松的牌邻
	袁恪	汤应求笔下"蠹胥"之一
	袁枚	十八世纪著名文人，其《书麻城狱》一文长期主导后人对于麻城杨氏案的认知
	袁氏	陈文、陈四儿之母亲
	袁承宠	湖北按察使，参与杨氏案之翻案
Z	张二	汤应求任职署理麻城县知县时期的长随
	张齐	麻城县差役
	张镇	镶红旗人，荆门直隶州知州，与金虞主持杨氏案之翻案
	张贡正	麻城县赵家河沙滩所属的甲长，报告尸体被洪水冲走
	张廷庆	武昌府知府、原任汉阳府知府
	赵炳	涂如松的牌邻
	赵当儿	麻城县少年，杨姓一方证人
	赵碧山	赵当儿父亲
	赵巨年	麻城县亭川乡沙井区牌头，最先发现赵家河沙滩尸体，报告刘兆唐
	赵永清	地邻
	周茶农	即周廷俊，广西柳州府马平县知县，拥有《自警录》钞本，借给朱枟
	朱潓	武汉黄道
	朱氏	杨五荣、杨氏兄妹母亲

Z	朱枟	号云木，浙江萧山人，十九世纪著名幕友之一，从周廷俊手上借到《自警录》钞本，花十六年时间辑校之
	朱公文	生员，协助杨五荣诉讼
	朱文公	"朱公文"之误写
	祝宏	陈鼎的舅舅，号躬厚，为《自警录》写序
	邹桂芳	由儒学委派担保蔡灿的保户，与蔡灿一同逃亡
	邹允焕	武昌府咸宁县知县，与汉阳府黄陂县知县黄奭中参与杨氏案第五阶段的审讯
	祖儿	即王祖儿，杨氏第一段婚姻的丈夫

注　释

① 参见《自警录》文件 01，卷一，1b 页。

② 《自警录》文件 69，卷四，18b 页。

③ 《自警录》文件 01，卷一，1b 页。

④ 《自警录》文件 01，卷一，1a 页。

⑤ 《自警录》文件 01，卷一，1a～3b 页。

⑥ 《自警录》文件 06，卷一，6b～7a 页。

⑦ 据《自警录》文件 06，原书按语，汤应求于五月二十五日带同仵吏赶赴现场验尸，为狂风大雨所阻，二十六日又忙于调查另一宗命案，因此二十七日才到达赵家河沙滩验尸。

⑧ 《自警录》文件 07，卷一，7a～8b 页。

⑨ 《自警录》文件 08，卷一，8b～9b 页。

⑩ 《自警录》文件 09，卷一，11a 页。

⑪ 《自警录》文件 10，卷一，13a 页。

⑫ 《自警录》文件 11，卷一，14b～15a 页。

⑬ 《自警录》文件 15，原书按语，卷一，19a 页。

⑭ 《自警录》文件 16、17，卷一，19a～29b 页。

⑮ 《自警录》文件 22，卷一，34b～37a 页。

⑯ 《自警录》文件 25，卷一，40b～41b 页。

⑰ 《自警录》文件 31，卷二，16a～24a 页。

⑱ 《自警录》文件 41，卷三，3a 页。汤应求没说何时得知尸体是卢斋公，文件 54 则说雍正九年八月内，汤应求已逼刘兆唐、赵巨年宣称尸体是卢斋公，见文件 54，卷三，29a 页。

⑲ 《自警录》文件 42，卷三，4a～5b 页。

⑳ 《自警录》文件 50，卷三，18a 页。

㉑ 《自警录》文件 53，卷三，24b～25a 页。

㉒ 《自警录》文件 54，卷三，35b～39b 页。亦参见文件 53，原书按语，卷三，25a～25b 页。

㉓ 《自警录》文件 58，卷四，4a、8b 页；文件 64，卷四，15b 页。

㉔ 《自警录》文件 56，卷四，1b 页。留意：迈柱于雍正十三年八月二十一日递进的密折《为钦奉上谕据实覆奏仰祈睿鉴事》却说抓捕杨氏之日期是七月二十三日，见台北故宫博物院编：《宫中档雍正朝奏折》第 25 册，209 页，台北，台北故宫博物院，1977—1980。

㉕ 《自警录》文件 58，卷四，4a 页。

㉖ 赵尔巽等：《清史稿》卷九《世宗本纪》，340 页，北京，中华书局，1977。

㉗ 《自警录》文件 68，卷四，18a 页。

㉘ 《自警录》文件 60，卷四，11a 页；文件 61，卷四，11b 页。

㉙ 《自警录》文件 69，卷四，18a～29a 页。

㉚ 《自警录》文件 71，卷四，35b～41a 页。

图书在版编目(CIP)数据

妇人杨氏之"复活"：十八世纪中国的法律与社会 / 卜永坚著. — 北京：北京师范大学出版社，2024. 10. —（历史人类学小丛书）. — ISBN 978-7-303-30265-9

Ⅰ. D929.49

中国国家版本馆 CIP 数据核字第 20245U4B72 号

营 销 中 心 电 话　010-58805385
北京师范大学出版社
新 史 学 策 划 部

FUREN YANGSHI ZHI "FUHUO"

出版发行：北京师范大学出版社　www.bnupg.com
　　　　　北京市西城区新街口外大街 12-3 号
　　　　　邮政编码：100088
印　　刷：北京盛通印刷股份有限公司
经　　销：全国新华书店
开　　本：890 mm×1240 mm　1/32
印　　张：9.25
字　　数：138 千字
版　　次：2024 年 10 月第 1 版
印　　次：2024 年 10 月第 1 次印刷
定　　价：59.00 元

策划编辑：宋旭景　　　　　责任编辑：宋旭景　岳　蕾
美术编辑：王齐云　　　　　装帧设计：王齐云
责任校对：陈　民　　　　　责任印制：陈　涛　赵　龙